A PIRÂMIDE
DA SABEDORIA

A PIRÂMIDE DA SABEDORIA

Alimentando sua alma em
um mundo de pós-verdade

BRETT McCRACKEN

EDIÇÃO:	*Guilherme Cordeiro Pires* e
	Guilherme H. Lorenzetti
TRADUÇÃO:	*David Brum Soares*
REVISÃO:	*Jean Carlos Alves Xavier,*
	Danny Charão,
	Renata Litz e
	Pedro Marchi
ESTAGIÁRIA EDITORIAL:	*Giovanna Staggemeier*
CAPA ORIGINAL:	*Phil Borst*
ADAPTAÇÃO DE CAPA E	
DIAGRAMAÇÃO:	*Tiago Elias*

Dados Internacionais de Catalogação na Publicação (CIP)
(BENITEZ Catalogação Ass. Editorial, MS, Brasil)

M19p   McCRACKEN, Brett
1.ed.   A pirâmide da sabedoria : alimentado sua alma em um mundo de
         pós-verdade / Brett McCraken ; tradução David Brum Soares. – 1.ed. –
         Rio de Janeiro : Thomas Nelson Brasil , 2023 ; São Paulo : Pilgrim, 2023.
         208 p.; 13,5 x 20,8 cm.

             Título original: The Wisdom Pyramid: feeding your soul in a
         post-truth world.
             ISBN : 978-65-56895-78-9

             1. Cristianismo. 2. Espiritualidade. 3. Vida cristã. I. Soares, David
         Brum. II. Título.

05-2023/77   CDD 248.4

Índice para catálogo sistemático:
1. Trabalho da igreja com adictos em recuperação   248.4
Aline Graziele Benitez - Bibliotecária - CRB-1/3129

Para Jeff McCracken, que me ensinou a amar a sabedoria.

SUMÁRIO

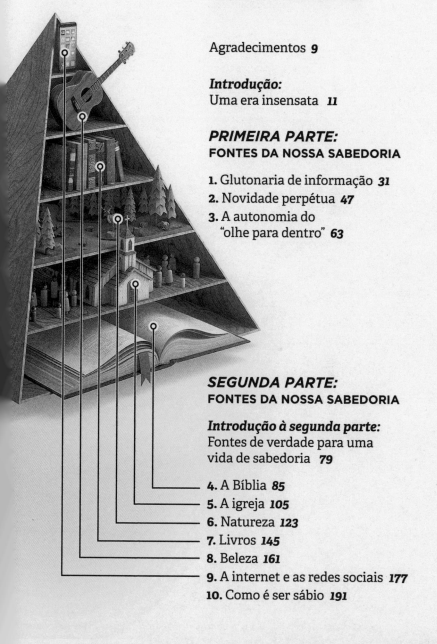

AGRADECIMENTOS

A JORNADA DE UM LIVRO — como a de qualquer coisa criada — é longa e sinuosa, com influências de inúmeras direções ao longo do caminho. Por ordem de aparição no desenvolvimento deste livro, gostaria de agradecer: meus pais, minha família, meus amigos, meus pastores e meus professores, que moldaram meu conceito e amor pela sabedoria; minha esposa Kira, por seu um modelo de sabedoria em nosso lar; Thomas Terry e Ryan Lister, da Humble Beast, cujo convite para que eu falasse sobre esse assunto despertou a ideia de uma Pirâmide da Sabedoria; Jeremy Hamann, pelo belo *design* do gráfico original da Pirâmide da Sabedoria; Matt Smethurst, por demonstrar publicamente seu amor pelo gráfico no Twitter; Mandy Randolph, cujas palavras proféticas em uma retiro da igreja confirmaram minha convicção de escrever o livro; meu agente Erik Wolgemuth, por me ajudar a processar a ideia do livro; Dave DeWit e outros na Crossway, por tirar o projeto do papel e levá-lo até a conclusão; Jac La Tour, Jesse La Tour, Larry Sittig, Joshua Ryan Butler e outros que deram *feedbacks* sobre o livro enquanto eu o escrevia; os simpáticos baristas na *Hidden House Coffee*, em Santa Ana, onde escrevi o livro; e meu doce filho Chet, que abriu mão de suas manhãs de sábado com o papai por oito meses para que eu pudesse me concentrar em escrever.

INTRODUÇÃO

UMA ERA INSENSATA

A sabedoria grita nas ruas e levanta sua voz nas praças. Clama
do alto dos muros e profere suas palavras à entrada das portas e
na cidade: Ó insensatos, até quando amareis a insensatez? Até
quando os que zombam se alegrarão na zombaria? Até quando
os tolos odiarão o conhecimento?

PROVÉRBIOS 1.20-22

NOSSO MUNDO TEM CADA VEZ MAIS INFORMAÇÃO, porém, cada vez menos sabedoria. Mais dados; menos clareza. Mais estímulo; menos síntese. Mais distração; menos quietude. Mais sabe-tudo; menos ponderações. Mais opinião; menos pesquisas. Mais palavras; menos atenção. Mais julgamentos; menos observações. Mais diversões; menos alegria.

Há mais, porém, somos menos, e todos nós sentimos isso.

Sentimos a tontura do bombardeio vindo de todas as direções, todos os dias. Estamos enjoados da natureza inconstante e instável do mundo descrito em *feeds* de notícias fragmentados e partidários (muitas vezes contraditórios e chocantes). Nossos ouvidos estão sangrando por causa das multidões estridentes que diariamente atacam nossos sentidos, e todo mundo tem um megafone, mas ninguém tem um filtro.

Nossos olhos estão cansados, nosso cérebro está superestimulado e nossa alma está exausta. Vivemos uma crise epistemológica. É difícil saber se algo pode ser conhecido com segurança. Acostumamo-nos a um novo normal onde precisamos escolher entre confiar em tudo ou não confiar em nada, ou talvez entre não confiar em nada ou confiar apenas em si mesmo — uma estratégia aparentemente lógica, mas que infelizmente apenas inflama nossa doença epistemológica.

Como podemos prosperar em um mundo como esse? Como podemos fortalecer a nossa imunidade e sermos saudáveis em meio a um contágio de tolices cuja disseminação não dá sinais de melhora? Como os cristãos podem se tornar recipientes de sabedoria nesta era em que cada vez mais pessoas doentes estão procurando uma cura?

HÁBITOS MELHORES PARA O CONSUMO DE INFORMAÇÕES

A proposta deste livro é que precisamos de uma melhor dieta de conhecimento e melhores hábitos para o consumo de informações. Para nos tornarmos sábios na era da informação — onde opiniões, frases de efeito, diversões e distrações são abundantes, mas a sabedoria é escassa —, precisamos ser mais criteriosos com o que estamos consumindo. Precisamos de uma dieta composta de fontes duradouras e confiáveis de sabedoria, em vez das informações fugazes e suspeitas que nos bombardeiam hoje; uma dieta rica naquilo que fomenta a sabedoria e pobre naquilo que fomenta a tolice.

Talvez você se lembre da antiga "Pirâmide Alimentar" de sua infância. Publicada pela primeira vez nos Estados Unidos pelo Departamento de Agricultura em 1992, ela foi projetada para ajudar pessoas a entender a loucura de comer apenas batatas fritas, refrigerantes e doces — e a sabedoria de comer grãos, frutas e vegetais. A Pirâmide Alimentar foi um guia visual brilhante para hábitos alimentares saudáveis, orientando sobre quantas porções de cada grupo alimentar ajudariam a formar uma dieta balanceada.

Precisamos de algo semelhante para nossos hábitos de consumo de informações, e também de orientações sobre como navegar diariamente pelo excesso de informações disponíveis a nós, uma estrutura ordenada para navegar no barulho e na desordem de nosso mundo cultural dos dias atuais. Precisamos de uma "Pirâmide da Sabedoria."

Mas, antes de chegarmos ao guia prático da pirâmide para "comer bem" na era da informação (parte 2 deste livro), primeiro precisamos entender a natureza e as fontes de nossa doença (parte 1). Como chegamos aqui?

O NOVO NORMAL "PÓS-VERDADE"

A pandemia do covid-19 em 2020 expôs a gravidade da crise epistemológica que enfrentamos na era digital. À medida que o novo vírus se espalhava globalmente, especialistas em saúde pública e líderes governamentais naturalmente lutavam para entender a natureza do contágio e a melhor forma de contê-lo. Todavia, a velocidade com que as informações — boas, ruins e horríveis — se espalham no mundo de hoje significa que dados imperfeitos, projeções errôneas, análises escritas às pressas e recomendações contraditórias se propagam com confiança e rapidez, resultando em um desastre de informações tão perigoso quanto a própria doença. Independentemente de em que você quisesse acreditar sobre a pandemia e as restrições para "ficar em casa" emitidas pelos governos, havia artigos, estudos e especialistas que você podia encontrar para defender qualquer que fosse a sua opinião. O resultado foi um cinismo cada vez maior e uma incerteza sobre praticamente tudo.

O covid-19 não criou essas dinâmicas de informação assustadoras, mas foi uma crise que se agravou por causa delas. Foi em 2016 que a extensão de nossa crise epistemológica se tornou aparente. Esse foi o ano em que a eleição de Donald Trump para a presidência dos Estados Unidos e o "Brexit" no Reino Unido surpreenderam os especialistas e aceleraram a sensação de que o mundo estava entrando em uma nova fase imprevisível, impulsionada mais pela raiva do que pela realidade, mais pelo medo do que pelos fatos.

Como resultado, os Dicionários de Oxford declararam "pós-verdade" a palavra internacional do ano em 2016, definida como "relacionada a ou que denota circunstâncias nas quais os fatos objetivos são menos influentes na formação da opinião pública do que apelos à emoção e a crenças pessoais."[1] O novo normal da "pós-verdade" foi ressaltado no início de 2017, quando a *Time* fez a pergunta em sua capa: "A verdade está morta?", projetada de forma a espelhar uma capa da *Time* de 50 anos antes, que colocava uma questão mais fundamental: "Deus está morto?"[2] Essas duas capas, separadas por meio século, contam uma história importante.

---

[1] "Word of the year 2016." In: *Oxford languages*. Disponível em: https:// languages.oup.com/word-of-the-year/2016/.

[2] PINE, D. W. "Is truth dead? Behind the TIME cover", *Time*, 23 de março de 2017. Disponível em: https://time.com/4709920/ donald-trump-truth-time-cover/.

Sem Deus como um padrão final de verdade, tudo o que temos são "verdades" interpretadas por indivíduos. *Cada um com a sua. Você faz o que achar melhor.* Não é de admirar que agora estejamos tão confusos. Acabe com Deus e você acabará com a verdade.

NOSSA DOENÇA MENTAL E ESPIRITUAL

Recentemente, conversei com um grupo de estudantes universitários e fiz duas perguntas. Primeiro: "Quantos de vocês têm um celular?" Todas as quarenta mãos na sala se levantaram. Segundo: "Quantos de vocês diriam que seu celular lhe tornou uma pessoa melhor, mais feliz e mais saudável?" Três mãos se ergueram.

A geração Z, ou *iGen*, como a psicóloga Jean Twenge os apelidou, está vivendo sua vida através dos telefones, e essa geração não está mais feliz. Com uma vida caracterizada pela tela sempre presente, mensagens e redes sociais, a *iGen* foi posteriormente definida por taxas crescentes de depressão, solidão, ansiedade, insônia e ideação suicida.

"Não é exagero descrever a *iGen* como estando à beira da pior crise de saúde mental em décadas", escreveu Twenge,[3] que reuniu uma vasta gama de pesquisas para apoiar essa tese em seu livro de 2017, *iGen: por que as crianças super conectadas de hoje estão crescendo menos rebeldes, mais tolerantes, menos felizes e completamente despreparadas para a vida adulta.* O título diz tudo.

---

[3]Twenge, Jean M. "Have smartphones destroyed a generation?", *The Atlantic*, setembro de 2017. Disponível em: https://www.theatlantic.com/magazine/archive/2017/09/has-the-smartphone-destroyed-a-generation/534198/.

Twenge mostra em seu livro como as taxas crescentes de problemas de saúde mental entre a *iGen* começaram a disparar nos anos que se seguiram ao lançamento do iPhone em 2007. As linhas em vários gráficos de transtornos mentais tornaram-se mais acentuadas quando os celulares se tornaram tão universais. Certamente, isso não é uma coincidência, e não é apenas a *iGen* que está cada vez mais doente com as toxinas de nossa era digital. Transtornos mentais estão aumentando em todas as idades. O número de americanos diagnosticados com depressão elevada aumentou 33% desde 2013, conforme relatado na *Blue Cross Blue Shield* em 2018.[4] Embora as taxas estejam aumentando mais rapidamente entre os adolescentes, todas as faixas etárias estão presenciando um aumento. E não é apenas um problema americano. A depressão agora é a principal causa de incapacidade em todo o mundo, com mais de 300 milhões de pessoas sofrendo suas consequências globalmente.[5]

A pesquisa também mostra que os americanos estão cada vez mais infelizes. De acordo com o "Índice de Bem-Estar" da Gallup-Sharecare, o ano de 2017 marcou um novo recorde de infelicidade nos Estados Unidos. Vinte e um estados viram seus índices de bem-estar diminuir em 2017 e, pela primeira vez em

---

[4]Fox, Maggie. "Major depression on the rise among everyone, new data shows", *NBC News*, 10 de maio de 2018. Disponível em: https://www.nbcnews.com/health/health-news/major-depression-rise-among-everyone-new-data-shows-n873146.

[5]"Depression: key facts", World Health Organization, 22 de março de 2018. Disponível em: https://www.who.int/news-room/fact-sheets/detail/depression.

nove anos, nenhum estado melhorou o seu índice em uma margem estatisticamente significativa em relação ao ano anterior.[6]

As pessoas também estão cada vez mais solitárias. O "Índice de Solidão dos Estados Unidos de 2018", da Cigna, descobriu que pouco menos da metade (46%) dos estadunidenses sempre ou às vezes se sentem sozinhos, com os mais altos níveis de solidão entre a Geração Z e os Millennials. A solidão "tem o mesmo impacto na mortalidade que fumar quinze cigarros por dia, tornando-a ainda mais perigosa que a obesidade",[7] e é cada vez mais considerada uma crise de saúde pública por governos de todo o mundo. Em 2017, o governo do Reino Unido tornou-se o primeiro a nomear um "Ministro para Solidão", seguido por uma abrangente "estratégia de solidão" com o investimento de 21.8 milhões de libras para lidar com a crise".[8]

Nossa doença cultural na era digital é real e crescente, e há sinais de que também está afetando nossa saúde física. Depois de aumentar na maior parte dos últimos sessenta anos, a expectativa de vida nos Estados Unidos começou a diminuir depois de 2014 e ainda está em declínio — em grande parte devido ao aumento

---

[6]WITTERS, Dan. "Record 21 States see decline in well-being in 2017", *Gallup*, 13 de fevereiro de 2018. Disponível em: https://news.gallup.com/poll/226517/record-states%20-decline-2017.aspx.

[7]*Cigna U.S. loneliness index*: survey of 20,000 americans examining behaviors driving loneliness in the United States, maio de 2018. Disponível em: https://www.multivu.com/players/English/8294451-cigna-usloneliness-survey/docs/IndexReport_1524069371598-173525450.pdf.

[8]"PM launches government's first loneliness strategy", Gov.UK, 15 de outubro de 2018. Disponível em: https://www.gov.uk/government/news/pm-launches-governments-first-loneliness-strategy.

das taxas de suicídio e overdose de drogas.[9] No entanto, estatísticas, pesquisas nacionais e índices de bem-estar são uma coisa, e as realidades empíricas do dia a dia de viver neste ambiente doente são outra. Em algum grau, todos nos sentimos infectados.

NÁUSEAS, VÍCIOS E OUTRAS DOENÇAS

Constantemente sinto essa doença. Quando abro o Twitter e vejo a mais recente série de xingamentos vis, discursos hipócritas e sinalizações de virtude, fico enjoado. Quando me vejo vagando pelo meu telefone — navegando pelo Instagram, clicando em links aleatórios, verificando resultados esportivos ou qualquer outra coisa —, muitas vezes me sinto separado de meu próprio corpo, perdido em uma toca de coelho digital. Mesmo enquanto escrevo este capítulo, o celular na minha mesa me atraiu para sua teia várias vezes. Por quê? Como paro isso? Como paro de olhar meu celular logo quando acordo, antes de dormir e várias vezes a cada hora? As perguntas me incomodam e provavelmente o incomodam também.

A doença que sinto — que muitas pessoas sentem — é semelhante à do viciado em caça-níqueis. Fomos condicionados de forma pavloviana a continuar colocando moedas na máquina. Os *dings* e *flashes* de nossas notificações *push* nos dão picos de dopamina que nos mantêm viciados, como foram projetados para fazer. Queremos ver quem nos chamou, o que as pessoas estão

---

[9]WOOLF, Steven H.; SCHOOMAKER, Heidi. "Life expectancy and mortality rates in the United States, 1959-2017", *JAMA Network*, 26 de novembro de 2019. https://jamanetwork.com/journals/jama/article-abstract/2756187.

dizendo sobre nossas fotos e o que está deixando as pessoas irritadas hoje. É terrível para nós, e sabemos disso, mas, como outros vícios — álcool, tabaco e açúcar —, isso é viciante.

Existem outros sintomas que sinto. Ultimamente, me pego lendo livros com pressa, ou leio algumas páginas de um livro, depois algo na Wikipédia, depois mais algumas páginas do livro, depois no Twitter, e assim por diante. Há também aquelas notificações, clamando por respostas imediatas, que nos causam ansiedade e dor de cabeça — os *pings* intermináveis de mensagens de texto, mensagens do Facebook, Twitter, Instagram, WhatsApp, Slack, Voxer, MarcoPolo, Asana, LinkedIn, e-mail e vários outros. A sensação é de nadar contra a corrente e nunca progredir.

Essas e outras doenças levaram-me a escrever este livro. Tendo experimentado a doença em mim e, ao vê-la nos outros, quero defender um caminho melhor — um caminho para ser saudável, centrado e virtuoso neste mundo louco. Quero que tenhamos discernimento em uma era de distração, mas, antes de chegarmos ao remédio, devemos primeiro entender as causas da doença.

TRÊS HÁBITOS QUE NOS DEIXAM DOENTES

Devemos examinar nossa dieta diária de consumo de conhecimento. Ela pode ser nutritiva, tornando-nos sábios e espertos, mais capazes de evitar infecções intelectuais e aflições espirituais. Mas ela também pode ser tóxica, tornando-nos imprudentes e mais suscetíveis às mentiras e armadilhas de nossa época.

A seguir, estão três maus hábitos de "alimentação" informativa que são particularmente prevalentes no mundo de hoje; hábitos estes que contribuem para nossa doença. Os próximos três capítulos examinarão cada um desses maus hábitos com mais profundidade, contudo, eis aqui um resumo.

1. Consumimos demais

Assim como comer demais qualquer coisa nos deixa doentes — dores de estômago, indigestão ou pior —, muita informação também nos deixa doentes. E nada caracteriza mais a era da internet do que a "sobrecarga de informação".

Você tem alguma dúvida sobre a Bíblia? Pesquise no Google e há centenas de respostas. Você precisa de um tutorial em vídeo sobre como instalar cortinas? Há toneladas deles no YouTube (acredite em mim, assisti pelo menos cinco deles). Procurando o melhor *croissant* em Paris? Tente pesquisar no Yelp, TripAdvisor ou inúmeros outros sites que tenham uma opinião.

Em teoria, o vasto repositório de informações à nossa disposição é uma coisa maravilhosa. Na prática, muitas vezes é paralisante. Mesmo com o "ranking" dos resultados de pesquisa do Google baseado em algoritmos, é muito difícil filtrar o excesso de conteúdo. Por exemplo, cada mamãe blogueira e guru de bebês tem uma recomendação diferente para melhorar o sono. Em quem você confia? De quem é o método que realmente funciona? A atração da internet que tudo sabe promete esclarecer, mas muitas vezes apenas complica.

É o problema do espaço ilimitado. Enquanto lojas físicas e comunidades estão sujeitas às suas limitações — um supermercado apenas pode estocar uma quantidade limitada de marcas de café e uma família tem poucas opiniões sobre o que cozinhar no Dia de Ação de Graças —, a internet não tem nenhuma dessas limitações. Para café, receitas de Ação de Graças e qualquer outra coisa, as opções são extensas. Novamente, em teoria, é libertador! Na prática, é frustrante. Como você escolhe a melhor opção entre tantas que são quase a mesma coisa, que não podemos testar e — além das avaliações enviadas pelos usuários — não podemos avaliar?

A natureza de "espaço ilimitado" da mídia online também criou uma situação em que os canais de "notícias" devem encontrar conteúdo 24 horas por dia, sete dias por semana, resultando em uma diminuição do que se qualifica como "notícia" (por exemplo, preencher uma hora do dia assistindo a perseguições de carro ao vivo). Na web, não há apenas a expectativa de conteúdo diário, fresco e "notícias de última hora", mas há uma competição feroz por cliques. Desesperados para se destacar, os sites são motivados a usar manchetes sensacionalistas e outros truques para coletar cobiçados cliques por qualquer meio necessário. O resultado é um conteúdo muitas vezes apressado (uma rápida visão da controvérsia de ontem), aleatório, imprudente ou mesmo distorcido para gerar controvérsias de curto prazo em vez de uma sabedoria de longo prazo.

No cenário competitivo da era digital, o "alimento" da informação não está ficando mais nutritivo; está virando para a direção do *fast-food*. Doritos e Cheetos sempre terão mais cliques do que espinafre. E assim caminhamos pela fila do bufê de lanches de rede social e *fast-food* online, diariamente nos empanturrando até o ponto da gula. Não é à toa que isso está nos deixando doentes.

2. Consumimos rápido demais

Quando você ingere comida com pressa, muitas vezes você paga por isso mais tarde. Por mais conveniente que seja, o *fast-food* geralmente não é a comida mais nutritiva. A maioria dos melhores alimentos, tanto em valor nutricional quanto em sabor geral, é preparada e consumida lentamente. Como acontece com a comida, assim é com a informação.

Vivemos em uma era atormentada. Eventos que dominaram as manchetes em uma semana são esquecidos na semana seguinte. A rede social favorece aquilo que é *#trending* em algum momento, mas não tem nenhum incentivo para voltar às questões difíceis do mês anterior, muito menos do ano anterior. A internet é um meio do *agora*. Sua memória é curta; sua forma sempre está mudando. Navegar na vida online significa estar sempre em dia: ler o artigo que todos estão compartilhando no Facebook e visualizar o *story* de alguém no Instagram antes que ele desapareça. Se você não responder à mensagem de texto do seu amigo em 20 minutos, pode pôr a amizade em perigo. Se você é um *influencer* e não se importa com a indignação do dia na rede social, pode perder sua posição. Seja em *clickbaits* novos ou *threads* oportunas no Twitter, na internet, a sorte favorece os rápidos, e não os sábios.

Esse ritmo não tem tempo para o pensamento crítico. Quando somos condicionados a passar rapidamente de tuíte para tuíte, de opinião polêmica para opinião polêmica, tudo o que podemos fazer é passar os olhos, pois não há espaço para um pensamento cuidadoso e crítico. Estudiosos descobriram que a natureza de *junk food* do consumo de informação online está reprogramando nosso cérebro, de modo que nossas habilidades cognitivas de pensamento cuidadoso e crítico estão sendo corroídas. "Em uma cultura que recompensa o imediatismo, a facilidade e a eficiência," escreve Maryanne Wolf, a defensora da causa da alfabetização, "o tempo e o esforço exigidos no desenvolvimento de todos os aspectos do pensamento crítico o tornam uma entidade cada vez mais em risco".[10]

É por isso que *fake news*, desinformação viral e teorias da conspiração são problemas cada vez maiores. A velocidade muitas vezes leva a erros, e isso nos torna suscetíveis a cair em relatórios falsos e transmitir informações erradas. E não são apenas blogueiros amadores e *posts* do Facebook que são suscetíveis a isso. Mesmo os especialistas mais estimados da sociedade e as instituições consagradas são vulneráveis aos erros causados por comentar ou analisar algo mais rápido do que pode ser entendido. Se até o *New York Times* pode cair na armadilha da velocidade da internet de reportagens muito apressadas e imprecisas, em quem se pode confiar? Se os Centros de Controle de Doenças não fornecem informações confiáveis sobre a dinâmica do contágio e a melhor forma de contê-lo, quem vai fornecer? Com o tempo, nosso ceticismo sobre todas as fontes faz com que nos voltemos para dentro, confiando apenas em nós mesmos — o que nos leva ao nosso terceiro grande hábito ruim.

3. Consumimos apenas aquilo que nos parece bom

Se apenas comêssemos nossas comidas favoritas, a maioria de nós estaria doente ou morta. Amo *croissants* e biscoitos de chocolate (especialmente combinados com uma xícara de café), mas uma dieta que consistisse apenas disso me levaria ao hospital. Isso também acontece com a nossa dieta de informação. Podemos ser tentados a consumir apenas o material de que gostamos e com o

---

[10]WOLF, Maryanne. *Reader, come home* (New York: Harper, 2018), p. 62.

qual temos afinidade, mas isso nos deixará doentes. Infelizmente, isso é exatamente o que muitos de nós fazemos no mundo *hiper* individualista de hoje, ou seja, escolher sua própria aventura.

A internet é construída em torno de *você*. Pesquisas do Google; algoritmos de redes sociais; recomendações de Siri, Alexa, Netflix e Spotify; e até mesmo a assustadora inteligência artificial que agora termina suas frases no corpo do e-mail: tudo isso é feito sob medida para *você*. Em teoria, isso é incrível! O que há de errado com um mundo que gira em torno de *você*, de suas preferências e de suas inclinações particulares? Algumas coisas.

Primeiro, quando tudo gira em torno de você e de seu gosto pessoal, isso será incrível apenas se você souber exatamente o que é bom para você. E geralmente não sabemos. Considere uma pizzaria em que você monta sua própria pizza. Você percorre a fila e escolhe exatamente o que quer em sua pizza: molho picante marinara, linguiça, pepperoni, azeitonas, cebola roxa, alho, ricota, muçarela, talvez um pouco de pesto por cima. O que for do seu gosto. Mas, em minha experiência (e talvez eu seja apenas um péssimo pizzaiolo), a "pizza perfeita para mim" quase sempre acaba sendo uma decepção. Geralmente, teria sido melhor simplesmente confiar na experiência do chef, permitindo que alguém com sabedoria culinária real criasse uma pizza que eu certamente apreciaria. Além disso, se sempre dependesse de mim para montar minhas pizzas, provavelmente eu ficaria apenas com os sabores que conheço e gosto, nunca me aventurando em novos territórios culinários ou expandindo meu paladar.

O segundo problema é que, quando cada indivíduo está vivendo em uma vida centrada em si totalmente única, personalizada e perfeitamente tutelada, torna-se mais difícil encontrar pontos em comum com os outros. Começamos a perder a capacidade de sermos empáticos, incapazes de nos conectar com as pessoas porque sua experiência de mundo — as notícias que consomem, seus *feeds* de redes sociais, e assim por diante — é tão diferente da nossa de maneiras que nem podemos imaginar. Estamos todos vivendo em nossas próprias bolhas de redes sociais criadas por nós mesmos, e não há duas iguais. Parte da razão pela qual a sociedade está cada vez mais polarizada é que não podemos ter conversas produtivas quando todos chegam a ela com seu próprio conjunto de "fatos", "especialistas" e vieses, tendo sido moldados por uma dieta de informações completamente diferente dos outros. E, quando não podemos nos relacionar com os outros, recuamos ainda mais em nossas bolhas individualistas e autorreferenciais, que não é um ambiente onde a sabedoria pode se desenvolver.

UMA DIETA MAIS SAUDÁVEL

Então, o que fazemos com esses maus hábitos alimentares que estão envenenando nossa alma? Os cristãos, como seguidores do homem que chamou a si mesmo de "a verdade" (Jo 14.6) e disse que "a verdade vos libertará" (Jo 8.32), não deveriam estar liderando a tarefa de recuperar a verdade e serem exemplos de sabedoria em uma era pós-verdade?

Alguns cristãos sugeriram que a situação cultural é tão terrível e o impulso de malformação tão inevitável que a melhor estratégia é se retirar. Para evitar a infecção pelos contágios da era digital, devemos nos desconectar e formar comunidades alternativas em algum lugar, como os monges da Idade das Trevas.

Se quisermos permanecer como sal e luz para as gerações futuras e sermos transmissores da sabedoria cristã além desta era problemática, precisamos nos agachar e esperar, para que não nos percamos neste ataque violento.

E assim o argumento continua. E até que faz algum sentido. Em meus momentos mais cínicos, quando vejo as tendências perturbadoras em meus próprios hábitos de consumo de conhecimento e me preocupo com como meus filhos se sairão neste ambiente, também fico tentado a jogar meu telefone no lixo e meu computador pela janela. Às vezes, sonho em construir uma instituição no estilo L'Abri[11] em um lugar bem deserto ou montanhoso, cheio de livros e sem telefones.

Mas, então, lembro-me que, ao longo da história cristã, os seguidores de Jesus não *fugiram* dos doentes por medo de serem infectados; eles ficaram *com* os doentes e tentaram ajudá-los. Dos cristãos que cuidavam de seus vizinhos pagãos que sofriam com as pragas devastadoras do início do império romano aos missionários médicos Nancy Writebol e Dr. Kent Brantly (que em 2014 contraíram Ebola enquanto tratavam vítimas da doença na África Ocidental)[12], os seguidores de Jesus fizeram aquilo que Jesus fez. Em vez de evitar o leproso, a prostituta, o viciado em opioides e o esquizofrênico sem teto, os cristãos se voltaram para eles. Em vez de se salvarem na fuga, eles sacrificaram sua segurança em serviço.

---

[11]O L'Abri, fundado pelo casal Francis e Edith Schaeffer, é um centro de acolhimento e estudo cristão de vertente protestante que combina vida em comunidade, hospitalidade, oração e estudo (N. do E.).

[12]Essa história é contada magnificamente no documentário *Facing darkness*, dirigido por Arthur Rasco (Samaritan's purse, 2017).

É isso que devemos fazer nesta era de doença epistemológica. Sim, permanecer neste ambiente informativo tóxico significa correr o risco de se infectar ainda mais pelas doenças que já nos assolam, mas partir significa abandonar o perdido a uma perdição ainda mais sombria.

O mundo precisa desesperadamente de sabedoria, verdade inabalável e fundamentos sólidos. Somente o cristianismo fornece esse tipo de sabedoria, e é exatamente o remédio de que nossa cultura doente precisa. No entanto, a fim de clarear as trevas da nossa era imprudente com a sabedoria cristã, devemos recuperar hábitos de sabedoria em nossa própria vida. Precisamos de uma dieta construída em torno do consumo de conhecimento que realmente cultive a sabedoria. Precisamos de uma "Pirâmide Alimentar" para a nossa saúde mental e espiritual: de uma orientação sobre o que comer e o que não comer e em quais proporções, para que possamos nos tornar mais saudáveis e fortes.

É disso que se trata a *Pirâmide da Sabedoria*. Um plano para estabilizar uma sociedade doente, tornando os cristãos mais sábios: tementes a Deus, confiáveis e verdadeiros. Sal e luz. É para isso que fomos chamados, e é isso de que o mundo precisa desesperadamente que sejamos.

QUESTÕES PARA DISCUSSÃO

1. Por que parece haver uma correlação inversa entre informação e sabedoria ("Nosso mundo tem cada vez mais informação, porém cada vez menos sabedoria")?

2. Como você já sentiu a doença mental e espiritual dessa era digital em sua vida?

3. Dos três maus hábitos de consumo de informação — consumir demais, rápido demais e focado demais no "eu" —, contra qual você mais luta?

PRIMEIRA PARTE

FONTES DA NOSSA DOENÇA

CAPÍTULO 1

GLUTONARIA DE INFORMAÇÃO

Onde está a sabedoria que perdemos no conhecimento?
Onde está o conhecimento que perdemos na informação?

T. S. ELIOT

A EXPLOSÃO EXPONENCIAL DA INFORMAÇÃO na "era da informação" é impressionante. Considere uma amostra dos números. Em 2019, em um único minuto na internet, acontecia a transmissão de 188 milhões de e-mails, 18,1 milhões de mensagens de texto e 4,5 milhões de vídeos visualizados no YouTube.[1] Em 2020, havia quarenta vezes mais *bytes* de dados na internet do que estrelas no universo observável. Algumas estimativas sugerem que, até 2025, 463 *exabytes* de dados serão criados a cada dia online — o

---

[1]DESJARDINS, Jeff. "What happens in an Internet minute in 2019?", *Visual capitalist*, 13 de março de 2019. Disponível em: https://www. visualcapitalist.com/what-happens-in-an-internet-minute-in-2019/.

equivalente a 212.765.957 DVDs por dia.[2] O que é mesmo um *exabyte*? Bem, considere o seguinte: cinco exabytes equivalem a todas as palavras já pronunciadas por humanos desde o início dos tempos.[3] Em 2025, essa quantidade de dados será criada a cada quinze minutos.

Aqui está a coisa mais louca: está tudo em nossos bolsos, a apenas alguns cliques de distância. Nossos telefones agora são enciclopédias, bibliotecas, universidades, universos. Porém, por mais conveniente que seja ter esse acesso — respostas para qualquer pergunta que possamos ter, resultados para qualquer pintura ou vídeo que queiramos ver, inúmeros recursos para qualquer coisa que queiramos pesquisar —, o excesso de informações online também é sufocante. E não está nos tornando sábios.

Assim como muita comida adoece o corpo, muita informação adoece a alma. A gula de informação é um problema real na era do Google — seus sintomas são generalizados e preocupantes. A seguir, estão cinco deles.

SINTOMA 1: ANSIEDADE E ESTRESSE

Excessos, em qualquer coisa causam problemas para a nossa saúde, e isso vale tanto para as informações que recebemos quanto para os

---

[2] Ibidem, "How much data is generated each day?", *Visual capitalist*, 15 de abril de 2019. Disponível em: https://www.visualcapitalist.com/how-much-data-is-generated-each-day/.

[3] KLINKENBORG, Verlyn. "Editorial observer; trying to measure the amount of information that humans create", *The New York Times*, 12 de novembro de 2003. Disponível em: https://www.nytimes.com/2003/11/12/opinion/editorial-observer-trying-measure-amount--information-that-humans-create.html.

alimentos que consumimos. O bombardeio de informações que enfrentamos cada vez mais — caracterizado pelo deslizar, rolar, visualizar, ouvir, ler, enviar mensagens e trabalhar em múltiplas tarefas sem parar de manhã até à noite — está criando estresse em nosso cérebro e contribuindo para níveis crescentes de ansiedade. Nosso cérebro é surpreendentemente adaptável e resiliente, mas tem limites.

O cenário frenético de informações de hoje está deixando nosso cérebro mais ocupado do que nunca: a triagem de informações que nosso cérebro sobrecarregado deve executar constantemente drena enormes quantidades de energia. A multitarefa constante também consome energia: fazer uma reserva de jantar no Yelp enquanto responde à mensagem da sua mãe, enviar um e-mail para o trabalho enquanto assiste a um vídeo "imperdível" que um amigo acabou de compartilhar no Facebook há cinco minutos. Esse tipo de multitarefa extrema, observa o neurocientista Daniel Levitin, superestimula e estressa nosso cérebro:

> Pedir ao cérebro para mudar a atenção de uma atividade para outra faz com que o córtex pré-frontal e o corpo estriado queimem glicose oxigenada, o mesmo combustível de que precisam para permanecer na tarefa. E o tipo de mudança rápida e contínua que fazemos com a multitarefa faz com que o cérebro queime combustível tão rapidamente que nos sentimos exaustos e desorientados após um curto período de tempo. Nós, literalmente, esgotamos os nutrientes do nosso cérebro, e isso leva a comprometimentos no desempenho cognitivo e físico. Entre outras coisas, a troca repetida de tarefas leva à ansiedade, que aumenta os níveis do hormônio do estresse cortisol no

cérebro, o que, por sua vez, pode levar a um comportamento agressivo e impulsivo.[4]

Outra maneira pela qual o excesso de informações causa estresse e ansiedade é que nos sobrecarregamos com grandes quantidades de conhecimento desnecessário e muitas vezes preocupante. Quando estamos fisicamente doentes, pesquisamos na WebMD[5] para encontrar respostas e, geralmente, apenas encontramos mais fatores com o que nos preocupar. Como se nossas próprias lutas e complexidades familiares não fossem emocionalmente pesadas o suficiente, nossos *feeds* do Instagram e do Facebook nos puxam para apelos, discursos e vórtices emocionais de centenas de outras pessoas ao longo do dia. As constantes notícias de alertas Amber (alertas de rapto de crianças), ciclones mortais, surtos de sarampo, tiroteios em escolas, "atividades suspeitas" em nosso bairro (graças a aplicativos como o NextDoor) e todos os tipos de manchetes de crimes horríveis se acumulam em nossa consciência, sobrecarregando nosso cérebro com ansiedade sobre o número crescente de maneiras pelas quais o mundo pode nos matar. Nossos FitBits, aplicativos de dieta e outros

---

[4]As citações de Daniel Levitin nesta seção vêm de "Why the modern world is bad for your brain", *The Guardian*, 18 de janeiro de 2015. Disponível em: https://www.theguardian.com/science/2015/jan/18/modern-world-bad-for-brain-daniel-j-levitin-organized-mind-information-overload. O artigo é um resumo do seu livro *The organized mind: thinking straight in the age of information overload*.

[5]WebMD é uma empresa norte-americana conhecida principalmente como site de notícias e informações relacionadas à medicina e aos cuidados com a saúde (N. do E.).

dispositivos de saúde fornecem informações sobre nosso corpo que podem ser úteis com moderação, mas que podem facilmente se tornar uma obsessão que alimenta nossa ansiedade.

Não é que informações desse tipo sejam sempre ruins ou inúteis. É apenas que o efeito cumulativo de muita informação — tão fácil e constantemente acessível a nós — cria um fardo que nossa mente e alma não foram criadas para suportar.

SINTOMA 2: DESORIENTAÇÃO E FRAGMENTAÇÃO

Uma enxurrada de informação chega até nós todos os dias de maneiras desconexas, indiferenciadas e em todos os lugares. Nossos *feeds* nas redes sociais — sem respeitar a linha de raciocínio ou a necessidade de síntese — incorporam isso. Abra seu *feed* do Facebook, Twitter ou Instagram agora e você verá isto: um trailer de filme ao lado de um artigo sobre aborto; uma foto da viagem de um amigo pelo Texas seguida por outra pessoa promovendo seu *podcast*.

Isso naturalmente deixa nossa cabeça girando e — com o tempo —, nosso coração ferido e, por fim, calejado. São obituários ao lado de anúncios de gravidez, pedidos de ajuda ao lado de fotos de férias que implicitamente dizem "vejam como minha vida está ótima!"; resultados esportivos ao lado de citações de Agostinho. Música *gospel* ao lado de vídeos de iguanas perseguindo cobras. Sermões de John Piper entre sessões de vídeos de Fortnite e Duolingo. Nas palavras do Arcade Fire, é "Tudo agora!"

Além de causar tontura cognitiva, esse conjunto indistinguível de informação corrói nossa capacidade de distinguir entre o trivial e o realmente importante. Com o tempo, passamos a valorizar a informação mais por seu espetáculo — infoentretenimento —

do que pelas realidades complexas que ela significa. Nossos *feeds* de notícias são parques de diversões, fliperamas e palcos de Vaudeville da era digital.

O crítico de mídia Neil Postman viu isso acontecer na década de 1980, quando observou que as notícias televisivas haviam se tornado uma espécie de show com diversos entretenimentos desconexos destinados a manter os espectadores sintonizados:

> "Agora... isso" é comumente usado em noticiários de rádio e televisão para indicar que aquilo que se acabou de ouvir ou ver não tem relevância para o que está prestes a se ouvir ou assistir, ou possivelmente para qualquer coisa que possa se ouvir ou ver. A frase é um meio de reconhecer o fato de que o mundo mapeado pela mídia eletrônica acelerada não tem ordem ou significado e não deve ser levado a sério. Não há assassinato tão brutal, terremoto tão devastador, erro político tão custoso — aliás, nenhum gol tão belo ou previsão do tempo tão ameaçadora — que não possa ser apagado de nossa mente por um locutor dizendo: "Agora... isso."[6]

Além desses efeitos entorpecentes e dessensibilizantes, o zumbido constante de nossos *feeds* de informações fragmenta a nossa vida. Em vez de estarmos presentes com nossa família, estamos presentes com as hordas exigindo nossa atenção por e-mail, mensagem, Voxer, WhatsApp, Messenger e muitas outras plataformas de comunicação. Em vez de estarmos presentes nos lugares

---

[6]POSTMAN, Neil. *Amusing ourselves to death* (New York: Penguin Books, 1985), p. 99.

onde vivemos, estamos presentes nas crises em todo o mundo e nos inúmeros debates dos *trending topics* no Twitter. Nossos *feeds* trazem o mundo e todo o seu caos à nossa mente, dividindo nossa atenção de centenas de maneiras diferentes.

Não fomos feitos para isso. Escrevendo há meio século na *The technological society* [A sociedade tecnológica], o teólogo protestante francês Jacques Ellul observou:

> [O homem] foi feito para andar 6 km/h, e ele anda a mil. [...] Ele foi feito para ter contato com seres vivos e vive em um mundo de pedra. Ele foi criado com certa unidade essencial e está fragmentado por todas as forças do mundo moderno.[7]

Ironicamente, por mais que a era da informação (e sua "aldeia global") prometa ampliar nossos horizontes e criar cidadãos globais saudáveis, integrados e bem-informados, na realidade teve o efeito oposto. A hiper conexão e a superconsciência de um mundo com seu espaço conquistado nos torna fragmentados e desconectados do *lugar* — os contextos locais onde podemos conhecer, ser conhecidos e efetuar mudanças no maior grau. Como afirma Ellul: "Esse paradoxo é característico de nosso tempo: a conquista abstrata do Espaço pelo Homem (em maiúsculo) corresponde à limitação do lugar para os homens (em minúsculo)".[8]

---

[7] ELUL, Jacques. *The technological society* (New York: Alfred A. Knopf, 1964), p. 325.

[8] Ibidem., p. 329.

SINTOMA 3: IMPOTÊNCIA

Nossa exposição ao espaço, juntamente com uma conexão diminuída a lugares específicos, nos deixa superestimulados, mas sub ativados. Em qualquer dia, ficamos inflamados por quaisquer queixas às quais a internet nos expôs, mas somos impotentes para fazer qualquer coisa, se é que fazemos, sobre o assunto. A interminável esteira rolante de conteúdo coloca mais coisas em nosso radar em um dia do que as pessoas do século passado encontrariam em um ano — geralmente sobre lugares dos quais nunca ouvimos falar e problemas que não sabíamos que eram problemas.[9]

Postman fala sobre como nosso acesso a informações e notícias de todo o mundo "nos dá algo para falar, mas não leva a nenhuma ação significativa". Este é o legado do telégrafo, ele diz: "Ao gerar uma abundância de informações irrelevantes, isso altera drasticamente o que pode ser chamado de relação informação-ação".

Historicamente, Postman observa, a informação era considerada valiosa na medida em que tinha o potencial de levar à ação. Mas o telégrafo e outras tecnologias tornaram essa relação abstrata e remota: "Pela primeira vez na história humana, as pessoas se depararam com o problema do excesso de informação, o que significa que, simultaneamente, elas foram confrontadas com o problema de uma potência social e política enfraquecida".[10]

---

[9] Alguns dos conteúdos dessa seção também estão publicados em meu artigo, "How to avoid anger overload in the digital age", *The Gospel Coalition*, 15 de julho de 2019. Disponível em: https://www. thegospelcoalition.org/article/anger-overload-digital-age/.

[10] POSTMAN, op. cit., p. 68.

As redes sociais são um exemplo perfeito disso. Nossos *feeds* nos informam constantemente de notícias distantes sobre as quais temos muito pouco contexto e muito menos possibilidade de ação: protestos políticos na Venezuela, erupção vulcânica na Nova Zelândia, uma cobra encontrada em um banheiro na Flórida, e assim por diante. Podemos facilmente chegar ao ponto de passarmos horas assistindo a manchetes sobre coisas que nunca nos afetarão, debates a respeito de coisas sobre as quais sabemos pouco e problemas que não podemos resolver. Enquanto isso, à medida que somos consumidos pelos dramas "distantes" de nosso espaço nas redes sociais, negligenciamos as realidades tangíveis de nosso lugar imediato — as notícias locais, os debates próximos e os problemas imediatos que poderíamos abordar de forma mais significativa.

Após o telégrafo, Postman argumenta, "tudo se tornou assunto de todos. Pela primeira vez, recebemos informações que não respondiam a nenhuma pergunta que havíamos feito e que, de qualquer forma, não permitiam o direito de resposta".[11] As redes sociais, é claro, nos dão permissão para "responder" — mas para que fim? Podemos ter a sensação de que nossa participação é uma ação significativa, que *estamos fazendo algo*, mas, na maioria das vezes, estamos apenas aumentando o barulho, ficando desnecessariamente irritados e contribuindo com mais informações irrelevantes para nosso cérebro já sobrecarregado e exausto.

O cenário da informação hoje — que nos bombardeia com queixas e trivialidades que não procuramos, mas mesmo assim nos sugam — dignifica a irrelevância e amplifica a importância,

---

[11]Ibidem., p. 69.

argumenta Postman. Tudo isso resulta em uma sensação inflada de horror do mundo e uma angústia sobre nossa incapacidade de fazer algo a respeito.

SINTOMA 4: PARALISIA DE DECISÃO E COMPROMISSO

Outro sintoma da doença da gula da informação é uma debilitante superabundância de escolhas. Com literalmente tudo à sua disposição digital, como você escolhe? Talvez você tenha experimentado a "Paralisia Netflix" — aquele momento em que você está tentando decidir o que assistir, mas congela porque há muitas opções e nenhuma orientação externa para sua escolha. Você está preocupado em não perder tempo, e a ideia de "será que essa será a escolha perfeita?" é um fardo bem pesado.[12]

Quando tudo está à nossa disposição e ao nosso gosto, nós naturalmente experimentamos o estresse do FOMO (*Fear Of Missing Out* [Medo de estar por fora]). Faremos a escolha errada? Dos quinze programas que seus amigos falaram nas redes sociais, qual você deveria assistir? Essas perguntas podem ser debilitantes, aumentando a ansiedade que vem do que Alvin Toffler chamou de "escolha excessiva," em seu livro *Future shock* [Choque de futuro], de 1970.[13]

A escolha excessiva no mundo do *streaming* de vídeo não é brincadeira. A quantidade de novos conteúdos lançados todos os meses no YouTube, Facebook, Hulu, HBOMax, Disney+,

---

[12]Alguns dos materiais desta seção vêm do meu artigo, "4 ways Netflix perpetuates modern anxieties", *The Gospel Coalition*, 1 de fevereiro de 2018. Disponível em: https://www.thegospelcoalition.org/article/4-ways-netflix-perpetuates-modern-anxieties/.

[13]TOFFLER, Alvin; *Future shock* (New York: Random House, 1970).

Netflix, Amazon Prime e todo o resto é assustador. E, à medida que nos tornamos cada vez menos capazes de fazer escolhas em meio a essa enorme variedade de opções, os algoritmos de "sugeridos para você" estarão cada vez mais aptos a fazer o trabalho por nós, nos entregando avidamente conteúdos com o rótulo "assista a seguir!", que nos mantém na plataforma. De fato, o estresse de ter de peneirar ativamente as opções de visualização tende a nos tornar mais passivos, com pouca capacidade para o que Tony Reinke chama de "resistência ao espetáculo": "Nossos olhos preguiçosos e desinteressados são alimentados alegremente pelos fabricantes de espetáculos. Já não procuramos novos espetáculos; eles que nos procuram".[14]

Os efeitos da escolha excessiva também apresentam problemas que vão além da informação digital. Onde quer que haja uma abundância de opções, podemos ter dificuldade de nos comprometer com qualquer coisa. Vejo isso muitas vezes com a igreja, por exemplo. Com uma "opção" de igreja disponível para todos os gostos, preferências, tendências políticas e estéticas (sem mencionar a opção de simplesmente não ir à igreja), o seguidor de Cristo é posicionado como um consumidor cujo apego a uma igreja não é mais forte do que o apego de um comprador por uma marca. Quando nossas preferências mudam, nossos compromissos também mudam. Assim como na Netflix, onde podemos passar apenas por dois episódios de uma série ou 20 minutos de um filme antes de perder o interesse e mudar

---

[14]REINKE, Tony. *Competing spectacles: treasuring Christ in the media age* (Wheaton: Crossway, 2019), p. 32-3 [Edição em português: *A guerra de espetáculos* (São José dos Campos: Fiel, 2020)].

para outra coisa, também abordamos a igreja e a espiritualidade como uma coisa fluida que deve se adaptar às necessidades e aos humores inconstantes.

O filósofo Charles Taylor chama essa abundância de escolhas espirituais de "efeito nova" — uma "variedade cada vez maior de opções morais/espirituais"[15] —, e isso aparece com destaque em seu relato da secularidade em sua obra monumental *Uma era secular*. Referindo-se a Taylor, Alan Noble observa que "a sobrecarga de decisões é um problema tanto para a espiritualidade quanto para a multitarefa digital. [...] Uma era distraída e secular faz isto conosco: estamos cognitivamente sobrecarregados pelo horizonte em expansão de crenças possíveis".[16]

Estamos tão sobrecarregados com possíveis caminhos, possíveis fontes de verdade e teorias de boa vida que ou não escolhemos caminho nenhum, ou trocamos de caminho de tempos em tempos, ou, ainda, montamos nosso próprio caminho espiritual do nosso jeitinho, extraindo fragmentos de teologia, filosofia, moralidade e estética de todos os tipos de fontes desconexas. Apenas para mostrar que podemos.

SINTOMA 5: VIÉS DE CONFIRMAÇÃO

Por existir um espaço ilimitado online, toda teoria da conspiração, todo nicho peculiar e toda comunidade culta tem um

---

[15]TAYLOR, Charles. *A secular age* (Cambridge: The Belknap Press of Harvard University Press, 2007), p. 299 [Edição em português: *Uma era secular* (Porto Alegre: Unisinos, 2010)].

[16]NOBLE, Alan. *Disruptive witness: speaking truth in a distracted age* (Downers Grove: InterVarsity Press, 2018), p. 24.

espaço para florescer. Para qualquer coisa que você acredita ou possa ser tentado a acreditar, existe informações online para apoiá-lo. E não estamos falando apenas da *deep web*, onde *trolls* e terroristas encontram reforço para suas crenças extremistas. Todos somos suscetíveis ao caminho da menor resistência cognitiva: selecionar fontes que se harmonizam com nossas crenças existentes e não complicam nossos paradigmas ou que não nos causam ojeriza.

Quem pode nos culpar? É por isso que os americanos que viajam para um país estrangeiro optam por comprar café em um Starbucks em vez de em um dos cafés locais (provavelmente muito melhores). Em espaços barulhentos e cognitivamente avassaladores, encontramos conforto em marcas conhecidas. Maryanne Wolf explica desta forma:

> Precisamos confrontar a realidade de que, quando bombardeados com muitas opções, nosso padrão pode ser confiar em informações cuja fonte foi escolhida por estar de acordo com como e com o que pensávamos antes.[17]

Em um mundo de escolha excessiva, esse é um mecanismo de enfrentamento cada vez mais perigoso, embora compreensível. Fazemos uma triagem do caos das nossas informações pessoais ao cultivar *feeds* cheios de vozes de conforto em vez de vozes que fazem nosso sangue ferver. Quem tem tempo ou espaço mental para isso? Basta clicar em deixar de seguir.

---

[17]WOLF, op. cit., p. 198.

Ao reconhecer a luta de pessoas do século 21 para filtrar o excesso de informações e tendo o incentivo de tornar suas plataformas espaços agradáveis e não tóxicos, as empresas de redes sociais pioram o problema do viés de confirmação por meio de algoritmos personalizados cujos resultado são *feeds* exclusivos para cada usuário que criam um mundo onde duas pessoas não veem as mesmas informações. Todos nós vivemos em ilhas de fantasia alimentadas por algoritmos e vieses de confirmação. Não é de admirar que o tribalismo esteja em ascensão, nem que todos estejam falando um do outro.

O cientista da computação Jaron Lanier, autor de *Dez argumentos para você deletar agora suas redes sociais*, chama essa fragmentação alimentada por algoritmos de um "divisor de águas" que está dificultando a compreensão e a empatia mútua.

> A versão do mundo que você está vendo é invisível para as pessoas que o entendem mal e vice-versa. [...] Vemos menos do que nunca o que os outros estão vendo, por isso temos menos oportunidades de entender uns aos outros.[18]

OS PRAZERES DO DIABO

É fácil imaginar o diabo se deliciando com tudo isto: tribalismo raivoso, trivialidades viciantes e diversão até a morte. À medida que os humanos se tornam mais estressados, entorpecidos,

---

[18]LANIER, Jaron. *Ten arguments for deleting your social media accounts right now* (New York: Henry Holt & Company, 2018), p. 79-80. [Edição em português: *Dez argumentos para você deletar agora as suas redes sociais*. (Rio de Janeiro: Intrínseca, 2018)].

desorientados, distraídos e paralisados pelo excesso impenetrável de informações, o caos reina. E quando o caos reina, o pecado prospera.

É interessante que a queda do homem em Gênesis 3 tenha ocorrido por causa das tentações do *conhecimento*: o fruto da árvore do conhecimento do bem e do mal. Em nossa época, a atração do conhecimento infinito e divino também causa estragos. Às vezes, penso sobre o logotipo do meu iPhone — um dispositivo que se aproxima do conhecimento divino, se é que isso é possível —, que é uma maçã com uma marca de mordida. Um aceno para o pecado original de Eva? Uma ode à fome insaciável da humanidade por conhecimento infinito? Talvez[19]. Entretanto, assim como para Adão e Eva no Éden, também é para nós: o desejo de saber tudo leva apenas à dor.

QUESTÕES PARA DISCUSSÃO

1. Qual dos "sintomas" de sobrecarga de informação discutidos neste capítulo você mais sente?
2. Quais são algumas áreas em que você sente que o acesso a muita informação foi um fardo ou fez mais mal do que bem?
3. Por que é importante ter uma conexão entre informação e ação? Pense em exemplos em sua própria vida onde há uma conexão entre informação e ação e onde não há essa conexão.

---

[19]Não estou sugerindo que esse seja o real significado (intencional ou não) da logo da Apple. É interessante para mim, apenas, que a logo ambígua, mas icônica, possa trazer Gênesis 3 e o "fruto proibido" à mente.

CAPÍTULO 2

NOVIDADE PERPÉTUA

*Agora, da mesma forma que destacamos
e exageramos o prazer de comer para produzir
a gula, também destacamos esse prazer natural
pela mudança e o distorcemos para transformá-lo
em uma demanda absoluta pela novidade.*
MALDANADO (*Cartas de um diabo a seu aprendiz*, C. S. Lewis)

Você consegue listar cinco notícias que aconteceram na semana passada? E as quatro pessoas para quem você mandou uma mensagem ontem? Ou três coisas que você assistiu na TV ou em um serviço de *streaming* hoje? Se você for como eu, você tem dificuldades para se lembrar das informações e entretenimentos (ou infoentretenimentos) que encontrou na última semana, sem falar na última hora. Isso acontece porque a enorme *quantidade* de conteúdo que entra em nosso cérebro hoje também está chegando em um *ritmo* esmagador.

A internet está ficando mais rápida a cada ano. Em 2018, as velocidades de download de banda larga nos Estados Unidos aumentaram 35,8% em relação a 2017.[1] Em todo o mundo, a média global de velocidade de *download* móvel aumentou 15,2% em relação a 2017.[2] A velocidade é fundamental na economia da atenção, pois os provedores de conteúdo querem manter os consumidores em suas plataformas sem perdê-los por causa de um *lag*, um atraso. O fluxo de informações mais rápido do que nunca pode ser uma benção para os negócios digitais, mas é um golpe para a sabedoria humana.

Assim como *comer demais* nos deixa doentes, o mesmo acontece quando comemos *rápido demais*. Engolir comida rapidamente pode saciar nossa fome imediata ou necessidade de combustível urgente, mas geralmente não é bom para nossa saúde. Coisas semelhantes acontecem quando consumimos informações muito rápido. Pode parecer que estamos maximizando o tempo e nos otimizando — consumindo eficientemente todo tipo de informação em velocidades cada vez maiores —, mas a realidade é que estamos erodindo nossa capacidade de sabedoria.

O HORROR À MESMICE

Os seres humanos sempre foram criaturas inquietas. A internet e outras tecnologias podem estar exacerbando essa tendência, mas não a criaram. Os dedos inquietos de Adão e Eva não conseguiram se conter no Éden, e desde então os humanos lutam contra o

---

[1]MOLLA, Rani. "U.S. Internet speeds rose nearly 40 percent this year", *Vox*, 12 de dezembro de 2018. Disponível em: https://www.vox.com/2018/12/12/18134899/internet-broafband-faster-ookla.

[2]MCKETTA, Isla. "The world's Internet in 2018: Faster, Modernizing and Always On", *Speedtest*, 10 de dezembro de 2018. Disponível em: https://www.speedtest.net/insights/blog/2018-internet-speeds-global/.

contentamento: queremos mais do que temos, e queremos agora. O diabo se deleita com essa tendência e a ataca. Em *Cartas de um diabo a seu aprendiz*, C. S. Lewis captura brilhantemente o quão vulneráveis somos por causa de nossa aversão ao "horror da mesma coisa de sempre." Maldanado (um demônio experiente) aconselha seu sobrinho Vermelindo (um demônio em treinamento) a explorar a demanda humana por novidades: "Essa demanda é valorosa em vários sentidos. Em primeiro lugar, ela diminui o prazer ao mesmo tempo que aumenta o desejo. O prazer da novidade é, por sua própria natureza, mais sujeito do que qualquer outro à lei da redução de retornos".[3]

O trabalho do diabo nunca foi tão fácil na área da obsessão pela novidade. Verificamos nossos celulares mais de duzentas vezes por dia, preenchendo todos os espaços abertos da vida com todas as coisas novas que podem ser percorridas: na fila do mercado, em nosso carro, quando paramos em um semáforo, na mesa de jantar, no banheiro. Nosso telefone geralmente é a primeira coisa que olhamos de manhã e a última coisa que olhamos antes de dormir.

Em vez de se contentar com o silêncio nos momentos "intermediários" da vida, nossos dedos inquietos não podem deixar de pegar o telefone — para que possamos fazer algo, *qualquer coisa*, para maximizar o nosso tempo. De fato, a moda dos *podcasts* coincide com o frenesi de "aproveitar cada momento" ouvindo episódios enquanto limpamos a casa ou nos deslocamos para o trabalho, ou talvez ouçamos a um audiolivro enquanto corremos.

---

[3] LEWIS, C. S. *Cartas de um diabo a seu aprendiz* (Rio de Janeiro: Thomas Nelson Brasil, 2017), p. 136.

A oferta de conteúdo que clama por nossa atenção não é pequena — grande parte do conteúdo é *bom* — e a pressão para "assistir isso, ler aquilo, ouvir aquilo outro" pode ser difícil de resistir.

Mas o que tudo isso está fazendo com nosso cérebro? A pesquisa não é animadora.

AS MUDANÇAS EM NOSSO CÉREBRO

Em *A geração superficial*, Nicholas Carr chama a internet de "uma tecnologia de esquecimento" e descreve como, graças à plasticidade de nossos caminhos neurais, nosso cérebro está literalmente sendo reconectado pela distração digital.

> Quanto mais usamos a internet, mais treinamos nosso cérebro para ser distraído — processar informação com muita rapidez e eficiência, mas sem uma atenção constante. Isso ajuda a explicar por que muitos de nós acham difícil se concentrar mesmo quando estamos longe de nossos computadores. Nosso cérebro se torna hábil em esquecer e incapaz de se lembrar.[4]

Embora estejamos lendo uma *tonelada* de notícias em nossos dispositivos — todos os dias lemos palavras que equivalem a um romance —, não é o tipo de leitura contínua, prolongada e concentrada que conduz ao pensamento reflexivo. Maryanne Wolf

---

[4]CARR, Nicholas. *The shallows: what the Internet is doing to our brains* (New York: W. W. Norton & Company, 2010), p. 193-4. [Edição em português: *A geração superficial: o que a Internet está fazendo com o nosso cérebro* (São Paulo: Agir, 2019)].

argumenta: "Não há tempo nem ímpeto para nutrir um olhar focado, e muito menos a memória de seus resultados."[5] Nossa alternância rápida entre os espetáculos — um episódio de uma série da Netflix aqui, um álbum do Spotify ali — trabalha contra a sabedoria a *curto prazo*, eliminando qualquer tempo para reflexão ou síntese antes que a próxima coisa chame a nossa atenção. No entanto, trabalha igualmente contra a sabedoria a *longo prazo*, como a pesquisa cerebral está mostrando. Nosso cérebro superestimulado está se tornando mais fraco, menos crítico e mais ingênuo em um momento da história em que precisamos que ele seja mais afiado do que nunca.

RESPOSTAS RÁPIDAS EM VEZ DE UMA REFLEXÃO LENTA

O Google oferece respostas rápidas para qualquer dúvida que possamos ter. Mas a sabedoria não se trata de obter respostas o mais rápido possível. Diz mais respeito à jornada, ao quadro geral, às perguntas e complicações ao longo do caminho. A entrega rápida de respostas do Google é eficiente, mas não é tão nutritiva ou agradável para nossa alma. É como tratar a comida apenas como um combustível e esquecer o valor de preparar e saborear uma refeição lentamente.

A velocidade e o acesso à informação nos condicionaram a coletar informações com impaciência, e a leitura dinâmica se tornou a maneira padrão das pessoas lerem. Neste mundo, observa Carr, "estamos evoluindo de cultivadores de conhecimento pessoal para caçadores e coletores na floresta de dados eletrônicos. [...] A mineração a céu aberto de 'conteúdo relevante' substitui

---

[5] *Wolf*, Maryanne. *Reader, come home* (New York: Harper, 2018), p. 73.

a lenta escavação de significado".[6] Isso tem consequências para o cérebro, que pode se tornar mais habilidoso em minerar informações de *fast-food*, mas perde a capacidade de trabalhar lentamente com coisas que exigem síntese e introspecção. Movemo-nos rapidamente de uma coisa para outra, mas não conseguimos ver como as coisas se conectam. Podemos coletar informações mais rápido do que nunca, mas estamos perdendo a capacidade de processá-las de uma maneira que absorva totalmente seus nutrientes.

PRESENTISMO PERCEPTIVO

Para agravar o problema, eis o que chamo de "presentismo perceptivo" onde a realidade é filtrada para nós em fragmentos fugazes *daquilo que está acontecendo agora*, e não através do filtro do tempo e da sabedoria geracional. Tuítes em tempo real e postagens no Facebook que geralmente discutem o assunto do dia agora dominam nossa atenção. Atualizações de *status* e *stories* que desaparecem em um dia preenchem nosso campo perceptivo. É chamado *Insta*gram por uma razão, afinal de contas. A rapidez se torna uma toxina viciante, e o imediatismo torna-se um ídolo.

Porém, essa abordagem ao tempo não é apenas narcisista; é perigosa, pois nos desconecta da sabedoria da história e coloca ênfase mental indevida (e confiança cega) naquilo que é menos provável de produzir sabedoria: o *agora* não testado. C. S. Lewis chamou essa ênfase no agora de "esnobismo cronológico," definido como a "aceitação acrítica do clima intelectual comum à nossa época e a suposição de que tudo o que ficou desatualizado está desacreditado

---

[6]CARR, op. cit., p. 138, 166.

por causa disso".[7] O filósofo católico Augusto Del Noce, escrevendo em 1970, disse o seguinte: "O homem de hoje, desvinculado do passado e do futuro, vive uma sequência de instantes descontínuos. [...] A novidade perfeita é o seu oxigênio".[8]

Em um equilibrado artigo de 2019 da *Atlantic*, Jonathan Haidt e Tobias Rose-Stockwell observam a maneira problemática de como as ideias e os conflitos do momento presente "dominam e substituem ideias mais antigas e as lições do passado". Um paradoxo da Era da Informação, eles observam, é que mesmo quando as gerações mais jovens crescem com acesso sem precedentes a tudo o que já foi escrito e digitalizado, as novas gerações, no entanto, "estão menos familiarizadas com a sabedoria acumulada da humanidade do que qualquer geração recente e, portanto, [são] mais propensas a abraçar ideias que trazem prestígio social dentro de sua rede imediata [e], ainda assim, estão fundamentalmente equivocadas".[9]

O cenário tecnológico de hoje não inventou esse tipo de presentismo problemático, mas o ampliou. Nossas inclinações humanas existentes para o que há de mais moderno e popular são aceleradas pela velocidade vertiginosa com que as coisas vêm e

---

[7]LEWIS, C. S. *Surprised by Joy* (Orlando: Harcourt, 1955), p. 201 [Edição em português: *Surpreendido pela alegria* (Rio de Janeiro: Thomas Nelson Brasil, 2021)].

[8]DEL NOCE, Augusto. "The death of the sacred." In: *The crisis of modernity* (Montreal: McGill-Queen's University Press, 2014), p. 127

[9]HAIDT, Jonathan; ROSE-STOCKWELL, Tobias. "The dark psychology of social networks", *The Atlantic*, dezembro de 2019. Disponível em: https://www.theatlantic.com/magazine/archive/2019/12/social-media-democracy/600763/.

vão. Essa orientação presentista é particularmente tóxica (e muito comum) em comunidades de fé evangélica, onde obsessões com "relevância", uma adoção acrítica da tecnologia e uma desconexão da história deixam muitas igrejas vulneráveis a serem moldadas mais pelo espírito efêmero da época do que pela sabedoria sólida e provada pelo tempo das eras passadas.

O presentismo é tóxico não apenas porque rejeita os recursos do passado, mas também porque tem pouca disciplina para se manter no rumo para o futuro. A orientação em torno do novo é, por definição, instável, porque o "novo" rapidamente se torna "velho" e ultrapassado. O mundo presentista queima modas e ideias em um ritmo alarmante. Entre outras coisas, isso prejudica os tipos de qualidades — coragem, perseverança, compromisso de longo prazo — que são essenciais para resolver problemas complexos. O presentismo nos leva a "ir com tudo" em favor de alguma causa por alguns meses, para depois perceber que perdemos o interesse quando outra causa chama nossa atenção, e isso nos transforma em consumidores inconstantes e "ativistas de *hashtag*", cujas breves explosões de paixão — por um novo esquema de perda de peso, uma série da Netflix, uma campanha de *hashtag* contra alguma injustiça — não mudam nada, exceto os lucros das plataformas que se beneficiam de nosso imediatismo.

O COMÉRCIO DA NOSSA ATENÇÃO

Nossa obsessão pela novidade alimenta o consumismo, e nosso desejo incansável pelo "novo" (roupas, carros, *gadgets*, café artesanal etc.) sustenta inúmeras indústrias na crista da onda. Nossa demanda constante por novos espetáculos e novas controvérsias transformou os CEOs do Vale do Silício em bilionários. É de interesse dos titãs da tecnologia nos manter constantemente alimentados com o que Tony Reinke chama de "microespetáculos" — videoclipes virais, tuítes controversos, memes e "doces de atenção" que satisfazem nosso apetite "por algo novo, estranho, glorioso, hilário, curioso ou fofo."[10] Essas empresas de redes sociais sabem que doces podem ser viciantes (mesmo que saibamos que são terríveis para nós) e querem nos viciar. Eles se tornaram especialistas em empacotar estímulos de maneiras que nosso cérebro acha irresistível, argumenta Matthew Crawford, "assim como os engenheiros de alimentos se tornaram especialistas em criar alimentos 'hiperpalatáveis' manipulando níveis de açúcar, gordura e sal. Portanto, nossa distração subsequente pode ser considerada o equivalente mental da obesidade".[11]

O cofundador do Facebook, Sean Parker, admitiu, em uma infame entrevista de 2017, que o processo de pensamento por trás do Facebook era: "Como consumimos o máximo possível do seu tempo e atenção consciente? E isso significa que precisávamos dar a você um pouco de dopamina de vez em quando porque alguém curtiu ou comentou uma foto ou uma postagem ou qualquer outra coisa".[12] É por isso que *dings* e notificações *push* que nos bombardeiam toda hora são tão eficazes. Eles nos dão uma descarga de

---

[10]REINKE, Tony. *Competing spectacles* (Wheaton: Crossway, 2019), p. 55-6.

[11]CRAWFORD, Matthew B. *The world beyond your head* (New York: Farrar, Straus & Giroux, 2015), p. 16.

[12]PANDEY, Erica. "Sean Parker: Facebook was designed to exploit human 'Vulnerability'", *Axios*, 9 de novembro de 2017. Disponível em: https://www.axios.com/sean-parker-facebook-was-designed-to-exploit-human-vulnerability-1513306782-6d18fa32-5438-4e60-af71-13d126b58e41.html.

dopamina, semelhante ao que mantém os jogadores viciados em máquinas caça-níqueis: inconscientemente clicamos e — *puff!* — voltamos à plataforma sem saber por quê. Nossa atenção agora está voltada para mais um microespetáculo. Como observa Carr, "é do interesse econômico do Google garantir que cliquemos com a maior frequência possível. A última coisa que a empresa quer é incentivar a leitura ponderada ou o pensamento compassado e concentrado. O Google é, literalmente, o negócio da distração".[13]

Mas não são apenas o Google e o Facebook que estão lutando pelo lucrativo comércio da nossa atenção, mas sim todo produtor de conteúdo. Com cada vez mais competição por globos oculares com períodos de atenção cada vez mais curtos, todos os editores de conteúdo devem recorrer a medidas desesperadas a fim de ganhar nossos cobiçados cliques. Essa é uma das razões pelas quais o jornalismo já viu dias melhores. No mundo dos microespetáculos de hoje, o que ganha no jogo da atenção são as manchetes sensacionalistas, as histórias relatadas precipitadamente, as "notícias de última hora" que não são realmente dignas de serem chamadas de notícias. Os canais de notícias de TV a cabo têm muito mais tempo de antena para preencher do que notícias reais para relatar, então, eles empilham suas agendas com comentários de especialistas, debates partidários, escândalos lascivos, divórcios de celebridades e outros infoentretenimentos para manter os espectadores colados em suas telas — pelo menos até que outro alerta de "notícias de última hora" ou vídeo viral "imperdível" chame a atenção do espectador para outro lugar.

---

[13]CARR, op. cit., p. 157.

VULNERABILIDADE ÀS *FAKE NEWS*

A velocidade do ciclo das notícias e nossa capacidade decrescente de pensar devagar e cuidadosamente está tendo outro efeito preocupante: somos cada vez mais crédulos e cúmplices na disseminação de *fake news*. Assim como os repórteres se apressam cada vez mais para dar as "notícias" primeiro, temos também pressa para opinar sobre as últimas manchetes ou enfurecer-nos com elas. Em ambos os casos, a velocidade funciona contra a precisão e a prudência.

A ascensão das #FakeNews não é apenas sobre *bots* russos e propagandas políticas nefastas. É algo com o qual até os meios de comunicação de prestígio lutam. Considere o caso de Jussie Smollett. Em janeiro de 2019, o ator de *Empire* — que é gay e negro — disse à polícia de Chicago que foi atacado por dois homens que colocaram uma corda em seu pescoço enquanto gritavam epítetos racistas e homofóbicos. Quase todos os principais meios de comunicação deram grande destaque à história, que serviu de base para a narrativa popular sobre o aumento de crimes de ódio descarados nos Estados Unidos do governo Trump. Um repórter do *Daily Beast* tuitou que o ataque provou que o apoio a Trump era "equivalente a fornecer artilharia para um fanatismo armado".[14] A velocidade das reportagens e a velocidade do ciclo de raiva das redes sociais impulsionaram a história de forma viral, exatamente como Smollett queria. Todos foram enganados.

---

[14] LEVINE, Jon. "Daily beast reporter deletes 'inaccurate' tweets on Jussie Smollett case", *The Wrap*, 19 de fevereiro de 2019. Disponível em: https://www.thewrap.com/daily-beast-reporter-deletes-inaccurate-t-weets-jussie-smollett-case-trump/.

Uma boa reportagem leva tempo, e as fontes devem ser verificadas. O contexto de citações, imagens e vídeos aleatórios deve ser buscado, mas a natureza do jornalismo de hoje, onde "a sorte favorece a rapidez", muitas vezes pula essas etapas essenciais. Além disso, nós, consumidores, muitas vezes estamos ansiosos para compartilhar as coisas na hora, tanto que nossa postura nas redes sociais muitas vezes é "faça a postagem primeiro, pense depois" (se é que pensamos). Isso é desastroso — não apenas porque nos torna fáceis de manipular, mas também porque corrói nossa credibilidade e pode causar grandes danos aos outros.

A tentação no mundo de hoje é publicar todo pensamento. Mas isso é sábio? Algumas das pessoas mais sábias que conheço são muito lentas em compartilhar publicamente suas opiniões, pois reconhecem a falibilidade das primeiras impressões e a loucura da "*insta*-reação." Kevin DeYoung observou recentemente que uma das marcas distintivas de uma "pessoa briguenta" é que ela quer dar opinião sobre tudo.. "As pessoas sabem o que você pensa de tudo?" DeYoung pergunta. "Elas não deveriam. É por isso que você tem um diário, um quarto de oração ou um cachorro".[15]

Uma das áreas mais valiosas da sabedoria bíblica de que precisamos para os nossos dias é domar a nossa língua. Antes de nos comunicarmos online, devemos nos lembrar de provérbios como:

---

[15]DEYOUNG, Kevin. "Distinguishing marks of a quarrelsome person", *The Gospel Coalition*, 13 de junho de 2019. Disponível em: https:// www. thegospelcoalition.org/blogs/kevin-deyoung/distinguishing-marks- -quarrelsome-person/.

- O que controla a sua boca preserva a vida, mas quem fala demais traz sobre si a ruína (Pv 13.3).
- Quem demora a irritar-se é grande em entendimento, mas o precipitado exalta a loucura (Pv 14.29).
- Quem guarda sua boca e sua língua, guarda a si mesmo do sofrimento (Pv 21.23).

E também há Tiago 1.19 — um versículo que, se praticado, evitaria todo tipo de tristeza no mundo de hoje (mas também provavelmente acabaria com as redes sociais): "Todo homem deve estar pronto a ouvir, ser tardio para falar e tardio para se irar". O problema, é claro, é que a economia das redes sociais de hoje é alimentada por discursos, multidões e cancelamentos "rápidos para falar" que criam picos de tráfego e *trending topics*. Resistir a essa tentação é uma das coisas mais desafiadoras, porém subversivas, que um cristão em busca de sabedoria pode fazer.

"A verdadeira força do bom soldado de Jesus Cristo", escreveu Jonathan Edwards quase trezentos anos atrás,

> é simplesmente a manutenção constante de uma calma santa [...] sustentada em meio a todas as tempestades, os ferimentos, os comportamentos errados e ações ou eventos inesperados neste mundo mau e irracional. A Escritura parece intimar que a verdadeira fortaleza consiste principalmente nisto: "Quem tem paciência é melhor que o guerreiro; quem tem domínio próprio é melhor que aquele que conquista uma cidade" (Pv 16.32).[16]

---

[16]EDWARDS, Jonathan. *Religious affections* (Minneapolis: Bethany House, 1986), p. 147.

A TOLICE DA DISTRAÇÃO

Em Provérbios, o oposto da sabedoria é muitas vezes personificado em uma personagem conhecida como "mulher loucura". Uma mulher que "seduz com palavras" (Pv 2.16-17) cujos lábios "destilam mel" (5.3), causa tumulto, é sedutora e senta-se à porta de casa, chamando àqueles que passam por ali (9.13-15). A. W. Tozer a descreve como a "tolice moral personificada" que "funciona pelo poder da sugestão". No mundo de hoje, vemos a "mulher loucura" trabalhando por meio dos algoritmos de "assista a seguir!", que nos atraem para uma constante distração, colocando "sugestões" em nossa mente. Tozer diz:

> Muitos sofrem lavagem cerebral desde as 9h da manhã até seus olhos se fecharem à noite por causa do poder da sugestão. Essas pessoas não estão comprometidas. Elas passam pela vida descomprometidas, sem saber em que direção estão indo.[17]

Aqui, vemos o cerne de por que o ambiente das redes sociais de hoje é tão propenso a nos levar à loucura. Quando pegamos nosso telefone despropositadamente, rolamos nossos *feeds* sem um objetivo em mente ou sugerimos ao nosso cônjuge que "assistamos a algo no Netflix", tornamo-nos descomprissados. Somos vulneráveis ao poder da sugestão, engrenagens na maquinaria de algoritmos cada vez mais sofisticados para nos manter distraídos em suas plataformas. Somos *andarilhos* digitais, e isso é perigoso.

---

[17]TOZER, A. W. *The wisdom of God* (Minneapolis: Bethany House, 2017), p. 164.

O antídoto para a distração perigosa é propósito, foco e planejamento. Provérbios 4.25 diz: "Que teus olhos estejam sempre voltados para frente e o teu olhar seja direto". Isso é a sabedoria contrastada com a mulher insensata, que "não presta atenção à vereda da vida; seus caminhos são incertos, e ela desconhece isso" (Pv 5.6).

Quando você estiver online, pergunte a si mesmo qual o motivo para estar online. Existe um objetivo específico? Quando você abre o YouTube, é para assistir uma coisa específica? Quando você pega seu telefone enquanto espera na fila ou caminha de um lugar para outro, é por um propósito ou apenas por hábito? Quando não vamos a algum lugar, vamos a qualquer lugar — e "qualquer lugar" na internet raramente é um bom lugar para nós.

QUESTÕES PARA DISCUSSÃO

1. Como os cristãos podem esboçar um ritmo mais lento e mais sábio em um mundo acelerado?
2. Discuta exemplos específicos e recentes de como a velocidade e a divulgação de notícias têm operado contra a verdade. O que podemos fazer para nos proteger contra a disseminação de notícias falsas ou feitas às pressas?
3. Por que ser um "andarilho digital" é tão perigoso? Que medidas podemos tomar para nos proteger contra a navegação online sem objetivo?

CAPÍTULO 3

A AUTONOMIA DO "OLHE PARA DENTRO"

Foi precisamente porque o homem acolheu
a perspectiva de se tornar a medida
e o juiz de todas as coisas que o pecado
entrou pela primeira vez no mundo.

J. I. PACKER

Um dos subprodutos do excesso e da velocidade da informação é que estamos cada vez mais céticos quanto à sua confiabilidade. Há muita informação *ruim*, falsa e corrompida por preconceitos hoje em dia. Não é à toa que cada vez mais lidamos com isso nos considerando a fonte mais confiável. Não é à toa que "olhe para dentro", "siga seu coração" e "não reprima os seus desejos" são frases tão comuns. Autoridades externas como família, professores, pastores, políticas, tradições religiosas e outras nos decepcionaram ou se mostraram hipócritas. Na melhor das hipóteses, vemos eles como secundários ao *eu* como fontes de verdade. Na pior das hipóteses, nós os descartamos como obstáculos opressivos no caminho da autodescoberta.

Mas o *eu* não é a autoridade confiável que dizem ser. Nosso coração inconstante é um guia inconstante, enganoso acima de todas as coisas (Jr 17.9). Aceitar "sermos fiéis a nós mesmos" muitas vezes nos leva a um ciclo fechado de autoengano e destruição crônicos, uma vez que acreditamos erroneamente que temos todos os recursos para a cura dentro de nós mesmos. Adquirimos a noção de que existimos como criaturas isoladas e independentes que não precisam ser responsáveis por nada além de nós mesmos, mas essa é uma mentira perigosa e solitária.

Assim como é perigoso comer *muita comida* e comer *muito rápido*, também não é saudável comer alimentos que *não foram testados* — alimentos que *você* considera comestíveis ou nutritivos com base apenas em *suas preferências* pessoais, em suas predileções ou em seus instintos. Imagine se você estivesse na floresta e pegasse um cogumelo ou uma fruta para comer apenas porque acha que *parece* comestível. Nesse caso, a expertise autoproclamada pode literalmente matá-lo. Há uma razão pela qual existem rótulos nutricionais, pois, sem qualquer regulamentação ou proteções além dos "instintos" de nossos anseios de consumo, a comida pode ser perigosa. Isso também acontece com o conhecimento, a verdade e a sabedoria.

A MORTE DA *EXPERTISE*

A tendência de "olhar para dentro" para evitar a autoridade é tão antiga quanto Éden. Foi refinada por pensadores iluministas como René Descartes e John Locke, que localizaram a verdade no mundo mental do indivíduo, não no mundo fora de nossa cabeça. Entretanto, o século passado viu uma aceleração na erosão da autoridade externa.

A democratização da informação na internet teve um efeito nivelador que tende a minimizar as credenciais e encorajar a participação leiga em todas as áreas do discurso. Agora, somos todos "especialistas" em tudo e temos plataformas para publicar nossos pensamentos. As atrizes podem lançar *blogs* de estilo de vida que oferecem todo tipo de conselhos duvidosos sobre saúde. Algumas mães suburbanas se declaram especialistas em vacinas, óleos essenciais, medicina alternativa e dietas especiais depois de lerem algumas postagens em *blogs* (escritas por "especialistas" não profissionais). Os influenciadores do Instagram podem compartilhar opiniões em assuntos políticos polêmicos sobre os quais pouco ou nada sabem. Durante a pandemia do covid-19, todos com uma conta no Twitter tornaram-se estranhamente confiantes em sua compreensão de epidemiologia e estratégias de contenção do vírus.

A "expertise" está passando por tempos difíceis. Muitas vezes impulsionada pelo antagonismo de classes e ressentimento em relação às "elites", a rejeição da autoridade baseada em credenciais é generalizada e preocupante. Tom Nichols publicou um excelente livro sobre isso em 2017, *The death of expertise* [A morte da expertise], no qual observa como esse fenômeno interpreta erroneamente os direitos iguais da "democracia" como significando também talentos, habilidades e conhecimentos iguais.[1] É um mundo onde a opinião de um homem sobre algo é tão válida quanto a do outro, mesmo que o primeiro apenas

---

[1] NICHOLS, Tom. *The death of expertise: The campaign against established knowledge and why it matters* (Oxford: Oxford University Press, 2017).

tenha ouvido algo no rádio sobre o tema e o "outro cara" tenha doutorado no assunto.

Como o covid-19 demonstrou vividamente, os "especialistas" certamente não são infalíveis, e a fé cega em um tipo de pensamento coletivo de acadêmicos e burocratas especializados pode ser uma coisa perigosa. O conhecimento profundo sobre um assunto não substitui a sabedoria, até porque guerras horríveis, tramas genocidas e empreendimentos científicos nefastos foram perpetrados por especialistas com doutorado e credenciais respeitadas. Contudo, o conhecimento acumulado deveria contar para *alguma coisa*, certo? Quando um número suficiente de membros de uma sociedade descarta o conhecimento estabelecido em favor de suas próprias opiniões infundadas e em seus instintos, coisas ruins acontecem. Deixados às nossas próprias inclinações, o caos muitas vezes reina. Basta ler o livro de Juízes, onde "cada um fazia o que lhe parecia certo" (Jz 17.6).

Os especialistas geralmente *não* querem nos prejudicar, mas sim nos ajudar. Muretas nas pistas e porteiros não existem para nos restringir, e sim para nos proteger. Pode-se abusar da autoridade, sim, mas geralmente ela existe para nosso bem. Escritores se saem melhor com editores. Crianças se saem melhor com pais. Diante de um menu de restaurante cheio de opções saborosas, é melhor pedir recomendações ao garçom.

Quando evitamos o conselho de especialistas, não apenas corremos o risco de sermos expostos a coisas ruins; também perdemos coisas boas. Sou crítico de cinema, que é uma daquelas áreas que se sente especialmente vulnerável na era da "morte da expertise". As pessoas supõem que, porque também assistem a filmes, são tão qualificadas quanto os críticos profissionais para avaliá-los. No entanto, dediquei quinze anos de minha vida para escrever críticas sobre filmes. Fiz mestrado em cinema e estudos de mídia, e não me sinto ofendido quando as pessoas rejeitam ou desvalorizam meus escritos sobre cinema; apenas me decepciono. Meu objetivo ao escrever resenhas críticas não é usar minha experiência em cinema de maneira elitista; estou fazendo isso para *ajudar* as pessoas a encontrar os melhores filmes e evitar os ruins. Não quero que minha experiência crítica *substitua* o engajamento crítico dos espectadores cotidianos, mas que o aprimore.

Ninguém pode ser especialista em tudo. Deus abençoa pessoas com dons diferentes por uma razão. A visão bíblica de uma igreja saudável, por exemplo, não é aquela em que todos contribuem da *mesma maneira*, mas em que partes com dons variados contribuem para um todo mais saudável (1Co 12.12-28; Ef 4.1-16; entre outros). Precisamos uns dos outros porque não podemos fazer tudo sozinhos. Precisamos ser educados e treinados por *outras pessoas* se quisermos nos tornar verdadeiramente conhecedores ou habilidosos em alguma área. Em vez de nos ressentirmos da expertise dos outros, devemos respeitá-la e aprender com ela.

"FATOS ALTERNATIVOS"

Os "fatos alternativos" entraram no léxico cultural no início de 2017, quando Kellyane Conway disse a Chuck Todd no *Meet the press* (em referência ao questionamento do tamanho da multidão na posse de Trump): "Você está dizendo que é mentira, e [nós estamos] dando fatos alternativos a isso".

Ao que Todd continuou a responder: "Fatos alternativos não são fatos — são mentiras".[2]

No mundo pós-verdade de hoje, os "fatos" são vistos como coisas fluidas e preconceituosas a serem contestadas ou ignoradas quando nos ameaçam. Os debates políticos são, em grande parte, improdutivos porque ambos os lados organizam seus próprios conjuntos de "fatos" e simplesmente descartam os argumentos do outro lado como inválidos. Os sentimentos agora anulam os fatos. Afirmamos como fatos o que *sentimos* ser verdade e, quando alguém nos desafia, nós os desafiamos de volta: como eles ousam questionar a validade de nossos sentimentos? Ter a nossa verdade invalidada é ter a nossa própria identidade descartada; é ser ofendido, provocado e "desrespeitado" — o que é visto como mais notório do que simplesmente provar que está errado. Por mais lógico que seja um argumento, por mais indiscutíveis que sejam os fatos, tudo pode ser descartado como a "cegueira" do privilégio, a manipulação da hegemonia ou a arma do opressor. Fatos e racionalidade simplesmente tornam-se causadores de "trauma" (uma palavra cada vez mais usada como arma), e não uma evidência objetiva em qualquer sentido acordado. "Em uma era de pós-verdade," escreve Abdu Murray, "se a evidência se encaixa com nossas preferências e em nossas opiniões, então está tudo bem. Caso contrário, a prova é considerada inadmissível ou ofensiva, sendo a ofensa uma espécie de solvente de contra-argumentos sólidos".[3]

---

[2]"Kellyanne Conway: press secretary Sean Spicer gave 'alternative facts'", *NBC News*, 22 de janeiro de 2017. Disponível em: https://youtu. be/ VSrEEDQgFc8.

[3]MURRAY, Abdu. *Saving truth: finding meaning & clarity in a post-truth world* (Grand Rapids: Zondervan, 2018), p. 14.

A mesma atitude arrogante com relação aos fatos também vale para nossos sistemas de crenças pessoais. Em parte, por causa do fluxo caótico e incoerente de informações que constantemente enche nossa mente e também porque nossa capacidade de autoconsciência e pensamento crítico está diminuindo, cada vez mais nós organizamos visões de mundo confusas e cheias de contradições internas. Uma pessoa pode adotar alguns aspectos do cristianismo, mas também alguns do budismo ou da Wicca, ignorando o fato de que Cristo reivindicou exclusividade religiosa (Jo 14.6). Alguns podem apoiar apaixonadamente a proteção dos ovos de iguana enquanto defendem o assassinato legal de bebês humanos não nascidos. Outros podem argumentar entusiasticamente a favor da importância de culturas orgânicas e contra os perigos dos tomates geneticamente modificados, ao mesmo tempo que aplaudem as operações de mudança de sexo e modificações hormonais de pessoas transgênero. Cada vez mais nós deixamos de considerar nossas próprias inconsistências lógicas.

Mas como é fácil simplesmente mudar de canal ou deixar de seguir alguém quando nossas posições incoerentes são desafiadas, achamos fácil manter visões contraditórias sem sentir dissonância cognitiva. "Quando confrontado com uma deficiência em nosso código ético, não é preciso nenhum esforço real para ignorá-lo," observa Alan Noble. Em um mundo de constante estimulação mental, "nossa resposta padrão à dissonância cognitiva é simplesmente fazer outra coisa".[4]

---

[4] NOBLE, Alan. *Disruptive witness: speaking truth in a distracted age* (Downers Grove: InterVarsity Press, 2018), p. 25.

Tudo isso pode parecer loucura, e de fato é, mas é como estamos vivendo hoje. A "realidade" não é uma força que precisamos levar em consideração, pois conhecimentos estabelecidos, fatos comprováveis e até mesmo a realidade do próprio corpo — tudo isso agora pode ser descartado se porventura subverter a autoridade que mais importa: o "eu."

"EU" *VERSUS* MEU CORPO

Uma grande fonte de confusão hoje decorre de uma divisão dualista de corpo/pessoa, na qual o corpo é tratado como separado (e menos importante) do que a pessoa, que é o "eu" mais elevado e autêntico. Como Nancy Pearcey escreve em *Ama teu corpo*, esse dualismo muitas vezes coloca o corpo e a pessoa um *contra* o outro e, como resultado, "rebaixa o corpo como sendo extrínseco à pessoa — algo inferior que pode ser usado para propósitos puramente pragmáticos".[5]

Uma visão utilitária e dualista do corpo nos leva a ficar obcecados em otimizar sua "performance" (atividade física, dieta, suplementos nutricionais, barras de proteína, medicamentos e cirurgias para melhorar a performance etc.), algo "semelhante ao dono de um carro de luxo que faz polimentos e melhorias em seu automóvel caro".[6] Também contribui para ver o sexo como um ato simplesmente físico — uma "válvula para liberar a pressão" de nosso corpo (para estender a metáfora do carro). A ascensão da cultura do "ficar", do Tinder e da pornografia online fazem parte disso. A visão dualista também resulta em justificativas

---

[5] PEARCEY, Nancy. *Love thy body* (Grand Rapids: Baker, 2018), p. 21.
[6] Ibidem., p. 32.

perturbadoras para coisas como aborto e eutanásia. Se a "pesso-alidade" ou o "eu real" não estão fundamentalmente conectados ao corpo físico, pode ser fácil afirmar que *simples corpos* (por exemplo, fetos ou pessoas em tubos de alimentação) não são "pessoas" em nenhum sentido relevante.

Mas talvez o exemplo mais notório do dualismo de corpo/pessoa seja a ascensão do movimento LGBTQ e a grande divisão de "sexo" e "gênero" em duas categorias separadas que têm pouco (ou nada) a ver com biologia. A teoria de gênero hoje diz que sua identidade é o que você sente, não o que a sua biologia sugere. Agora, o único padrão para a identidade é a afirmação: "Eu me identifico como..." Em um vídeo amplamente divulgado no YouTube, há alguns anos, estudantes da Universidade de Washington tiveram dificuldades para negar a afirmação de um homem branco de 1,70m de que ele era uma mulher chinesa de 1,80m.[7] Como conseguiriam? Se a racionalidade e a objetividade deram lugar a políticas de identidade e "fatos alternativos," negar a afirmação de identidade de alguém — por mais ilógica que seja — é odioso e abusivo; é negar sua liberdade de ser uma "pessoa" que se fez por si mesma.

Entretanto, este admirável mundo novo não é libertador; nem conduz à sabedoria. Mesmo que tenhamos empatia com aqueles que realmente experimentam disforia de gênero (sentindo-se psicológica ou emocionalmente contrários ao seu sexo biológico), devemos reconhecer que desatrelar a "identidade de gênero" da realidade corporal não é apenas uma Caixa de

---

[7]*Family Policy Institute of Washington*, "Gender identity: Can a 5'9, white guy be a 6'5, chinese woman?" Video do Youtube, 13 de abril de 2016, 4:13. Disponível em: https://youtu.be/xfO1veFs6Ho.

Pandora do subjetivismo, mas uma triste diminuição do físico. Cortar a conexão entre o físico e o mental é realmente apenas uma nova forma de gnosticismo — uma negação descarada da bondade da criação de Deus e da harmonia e interconexão pretendida entre corpo e mente/alma.

REJEITANDO A VERDADE DO CORPO

Não é coincidência que a crescente aceitação de uma "identidade de gênero" desvinculada da biologia coincida com uma sociedade tecnológica cada vez mais etérea e desencarnada. À medida que cada vez mais vivemos nossa vida através de telas e teclados, existindo no mundo da *representação* não física em vez da *realidade* física e difícil, realmente deveríamos ficar surpresos com o fato de que se tornou mais fácil se desapegar de nosso corpo? É de admirar que possamos começar a nos construir de maneiras que não tenham conexão necessária com nosso corpo? Talvez não seja surpreendente que os irmãos Wachowski — a dupla de cineastas cuja franquia *Matrix* foi um exemplo perfeito da confusão do "o que é real?" da era digital — sejam agora as *irmãs* Wachowski, tendo ambos se transformado em mulheres trans.

Esse tipo de gnosticismo digital nos leva a pensar que somos ilimitados porque supostamente não estamos presos ao nosso corpo. Ele torna possível campos como o "trans-humanismo" — a noção de que a tecnologia eventualmente permitirá que os humanos superem completamente as limitações do corpo. Juntamente com uma trajetória filosófica de séculos que gradativamente libertou o "eu" dos limites de todas as autoridades externas, a era digital agora torna aceitável, entre outras coisas, "identificar-se" como mulher, mesmo que você seja biologicamente homem.

Em sociedades agrárias pré-digitais, essas ideias nunca teriam sido sequer *consideradas*. Quando você trabalha com as mãos como um artesão ou labuta nos campos do amanhecer ao anoitecer, é impossível não reconhecer as capacidades e limitações de seu corpo. Quando você é um agricultor, está mais consciente da necessidade de o corpo descansar, da necessidade de vestir o corpo adequadamente para o clima e da força e fragilidade dele. Em parte, é por isso que encontra pessoas transgênero com mais frequência nas cidades e sociedades industrializadas hoje do que em contextos rurais ou agrários. A desconexão das realidades do mundo físico torna mais fácil ignorar o corpo físico na concepção do eu.

Contudo, rejeitar a verdade do corpo e, mais amplamente, da natureza, é insensatez e leva à confusão e ao sofrimento. Quando o único critério para entender algo como gênero (para usar um exemplo) é *o que um indivíduo* diz (por exemplo, "sou mulher porque me sinto dessa forma"), a própria ideia de "gênero" torna-se totalmente sem sentido. A linguagem e as definições consensuais desmoronam, e ter um discurso coerente sobre qualquer coisa se torna cada vez mais difícil.

O DEPRIMENTE FIM DA "SUA VERDADE"

Em seu discurso de agradecimento pelo Globo de Ouro de 2018, Oprah Winfrey disse: "O que sei com certeza é que falar a sua verdade é a ferramenta mais poderosa que todos nós temos".[8]

---

[8] "Read Oprah Winfrey's Golden Globes speech", *The New York Times*, 7 de janeiro de 2018. Disponível em: https://www.nytimes.com/2018/01/07/movies/oprah-winfrey-golden-globes-speech-transcript.html.

Sua verdade. Essas duas palavras estão tão arraigadas em nosso léxico hoje que dificilmente as reconhecemos pelo pesadelo incoerente que são. Entre outras coisas, a filosofia da "sua verdade" destrói famílias quando um pai de repente decide que "sua verdade" está chamando ele para uma nova relação extraconjugal, uma nova família ou talvez até um novo gênero. É uma filosofia que pode destruir sociedades inteiras, porque invariavelmente a verdade de uma pessoa vai ser contrária à verdade de outra, e, infelizmente, apenas o poder decide o vencedor.

A "sua verdade" também coloca um fardo incrível e autojustificativo sobre o indivíduo. Se somos todos projetos feitos por nós mesmos, cujos destinos cabem inteiramente a nós descobrir e implementar, a vida se torna uma competição desenfreada pela individualidade performática. A autonomia do "viva sua vida" é, portanto, tão exaustiva quanto incoerente. Como aponta o sociólogo francês Alain Ehrenberg em *The weariness of the self* [O cansaço do eu], a pessoa autocriada se mostra frágil e "cansada de sua soberania". A depressão é o resultado inevitável e "a contrapartida inexorável do ser humano que é seu próprio soberano".[9]

A autonomia de "sua verdade" invariavelmente leva à solidão e sugere erroneamente que podemos viver livres e influenciados pelas várias estruturas que nos cercam (família, igreja, cultura, biologia etc.). No entanto, torna-se impossível formar uma comunidade quando cada um é sua própria ilha, sem a

---

[9]EHRENBERG, Alain. *The weariness of the self: diagnosing the history of depression in the contemporary age* (Montreal: McGill-Queen's University Press, 2010), p. 218-9.

necessidade de depender de verdades maiores ou enraizadas em uma história maior.

Mais uma vez, essas ideias eram insondáveis em épocas anteriores, quando viver sozinho era seriamente perigoso. Em culturas agrárias, o poder da comunidade é essencial. Todos desempenham um papel vital e interdependente na fazenda. Você precisa um do outro para sobreviver. A identidade de cada pessoa é naturalmente compreendida em termos de como ela se relaciona com o todo, ou seja, a ideia de autonomia total não é apenas tola e estranha; é mortal.

Em seu excelente livro, *The world beyond your head* [O mundo além de sua cabeça], Matthew B. Crawford desafia a ideia de que tudo fora da cabeça é uma ameaça potencial ao eu. Sua tese é que os ambientes em que existimos *constituem* o eu, em vez de *comprometê-lo*. Os seres humanos não são apenas cérebros em recipientes. Estamos *situados* em mundos reais que não inventamos e nos conhecemos não por meio de projeções abstratas ou autoconcepções, mas em nossas raízes: "Vivemos em um mundo que já foi nomeado por nossos predecessores e estava saturado de significado antes de chegarmos".

Do berço ao túmulo, somos formados por outros. Ao contrário do que a ideia de "olharmos para dentro" poderia sugerir, o mundo *fora* de nossa cabeça define nossa existência de tantas maneiras que seria tolice ignorar. Em vez de ver isso como opressivo ou simplesmente fingir (tolamente) que isso não acontece, devemos aceitar isso como uma bênção: a verdade vem, em grande parte, de fora de nós mesmos. Podemos escolher as fontes de onde procuramos a verdade. Podemos escolher como *sintetizamos* a verdade e a *aplicamos* sabiamente nas circunstâncias cotidianas. Contudo, não podemos escolher se algo é verdade ou não. Não *inventamos* a verdade; não a determinamos. Procuramos e aceitamos com gratidão, mesmo quando está em desacordo com nossos sentimentos ou preferências.

Graças a Deus.

QUESTÕES PARA DISCUSSÃO

1. Onde você viu a "morte da expertise" em ação em sua comunidade ou, mais amplamente, em sua cultura? Por que a expertise autoproclamada é tão comum hoje em dia e por que é problemática?

2. Frases como "sua verdade", "siga seu coração" e "seja fiel a você mesmo" são tão comuns hoje que desafiá-las pode parecer revoltante. Como você desafiaria amorosamente essas ideias — e a autoridade preeminente do "eu" — em uma conversa com um amigo que as defende?

3. Onde os cristãos e as igrejas foram cúmplices na perpetuação do individualismo e da noção errônea (e comum) do eu autônomo? Como podemos tornar a prestação de contas dentro de uma comunidade atraente em uma era de "faça o que estiver em seu coração"?

SEGUNDA PARTE

FONTES DE NOSSA SABEDORIA

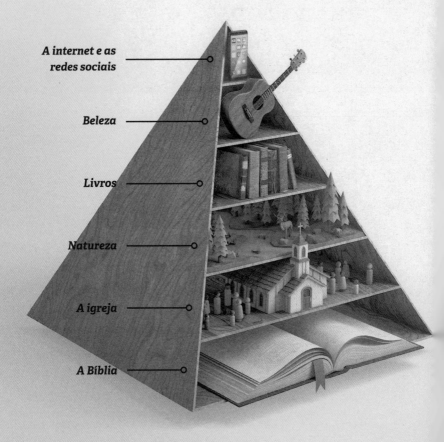

A internet e as
redes sociais

Beleza

Livros

Natureza

A igreja

A Bíblia

FONTES DE VERDADE PARA UMA VIDA DE SABEDORIA

Pois o Senhor dá a sabedoria; o conhecimento
e o entendimento procedem da sua boca.

PROVÉRBIOS 2.6

COMO VIMOS NO ÚLTIMO CAPÍTULO, não podemos conhecer as coisas (nem mesmo a *nós mesmos*) apenas olhando para dentro. Não somos indivíduos isolados, livres para determinar a realidade em um vácuo. Somos criaturas porosas, formadas fluidamente por outros e formamos os outros também. Somos profundamente moldados por nossa "situação"; o que nos cerca; o que entra em nós, seja ar, água ou ideias. Peter Leithart explica assim:

> Mesmo no nível mais elementar, aprendemos ao assimilar o mundo... Nosso cérebro, como nossa boca e barriga, se alimentam do mundo. O aprendizado é um banquete, uma assimilação do mundo para que ele se torne o que somos, percorrendo nosso cérebro da mesma forma que os nutrientes fluem pelo sangue.[1]

---

[1] LEITHART, Peter. *Traces of the trinity* (Grand Rapids: Brazos Press, 2015), p. 10-1 [Edição em português: *Vestígios da Trindade* (Brasília: Monergismo, 2017)].

Nossas fontes de ingestão são de vital importância, pois podem nos tornar saudáveis ou nos deixar doentes. Uma má ingestão pode nos tornar insensatos. Uma boa ingestão — de fontes confiáveis da verdade — pode nos tornar sábios, nos vacinando contra os vírus do engano e do erro. É disso que trata a segunda parte deste livro: um guia para hábitos mais saudáveis de consumo de informações em uma era cada vez mais confusa; uma proposta de como podemos orientar nossa vida para a sabedoria.

O QUE A SABEDORIA É (E O QUE ELA NÃO É)

Sabedoria não é a mesma coisa que conhecimento, tampouco informação. Isso é bastante claro em um mundo onde temos mais conhecimento e informação do que nunca, mas menos sabedoria. Simplesmente acumular conhecimento não o torna sábio. Robôs um dia terão muito mais conhecimento do que os humanos mais inteligentes (se já não tiverem), mas nunca serão mais sábios do que os humanos, pois a sabedoria não é uma questão de mero processamento de dados; não há algoritmo para isso. A sabedoria também não é necessariamente o resultado final da educação (embora certamente possa ser). Algumas das pessoas mais instruídas do mundo não são sábias e algumas das pessoas mais sábias do mundo não foram educadas. Sabedoria é saber o que *fazer* com o conhecimento adquirido por vários meios de educação: como aplicar o conhecimento e a informação na vida cotidiana; discernir se algo é verdadeiro ou não; viver bem à luz da verdade adquirida. A sabedoria não é meramente saber as respostas certas. Trata-se de viver corretamente. Trata-se de determinar *qual* resposta certa é a melhor. É uma orientação moral: um sentido e uma intuição desenvolvidos para discernir o certo e o errado, o real e o falso, a verdade e a mentira;

a capacidade de pesar as circunstâncias e tomar decisões complexas envolvendo diversas verdades que às vezes são mutuamente excludentes. Sabedoria não é algo que você pode pesquisar no Google ou baixar. É acumulada ao longo do tempo e por meio da experiência.

Sabedoria e conhecimento têm uma relação simbiótica. Podemos nos tornar mais ou menos sábios dependendo do conhecimento que assimilamos, mas quanto mais sabedoria temos, melhor nos tornamos em filtrar o conhecimento ruim e transformar o conhecimento bom em nutrição espiritual. A sabedoria é como um rim saudável: retém o que é nutritivo enquanto filtra os resíduos. A. W. Tozer compara a sabedoria a uma vitamina, pois "ela não nutre o corpo em si, mas, se não estiver presente, nada nutrirá o corpo. [...] Uma vitamina fará todo o resto funcionar".[2]

Contudo, a sabedoria não é uma vitamina que você pode comprar na farmácia. Não há médico humano que possa prescrever — e isso é fundamental. Como Tiago diz na Bíblia, a verdadeira sabedoria "vem do alto," não de baixo (Tg 3.17). É a habilidade criada por Deus (Pv 8.22-32), dada por Deus (Pv 2.6), temente a Deus (Pv 1.7) e orientada por Deus (Pv 3.5-8) para sintetizar, filtrar, avaliar e aplicar a informação de formas que levam a julgamentos corretos e um crescimento geral. Não podemos ser sábios sem Deus, pois ele é o padrão, a definição, a fonte e o guardião da sabedoria. No entanto, ele não é mesquinho com ela e fica feliz em nos dar se apenas pedirmos (Tg 1.5).

Contudo, esse é o problema. Pedir exige humildade, e queremos acreditar que podemos ser sábios sem Deus. No entanto,

---

[2]TOZER, A. W. *The Wisdom of God* (Minneapolis: Bethany House, 2017), p. 65.

ignorar Deus em busca de sabedoria é um caminho rápido para a tolice — basta perguntar a Adão e Eva. Somente quando reconhecemos a Deus e nos submetemos ao seu governo soberano é que podemos começar a ser sábios. Pouco neste livro fará sentido a menos que você aceite essa premissa.

O QUE A "PIRÂMIDE DA SABEDORIA" É (E O QUE ELA NÃO É)

A Pirâmide da Sabedoria é um auxílio visual para nos ajudar a entender que tipos de categorias de conhecimento são fontes confiáveis de verdade e conducentes à sabedoria. Embora inspirada na Pirâmide Alimentar em seu design e em oferecer um "guia para uma dieta saudável," é diferente desta em alguns aspectos importantes.

Na Pirâmide Alimentar, cada "grupo de alimentos" é importante para uma "dieta equilibrada". Em outras palavras, você precisa comer alimentos de todos os grupos para se manter saudável. Na Pirâmide da Sabedoria, isso não é necessariamente o caso. Apenas as duas seções inferiores da Pirâmide da Sabedoria são absolutamente essenciais. As seções mais próximas do topo *podem* ser fontes de conhecimento saudáveis e muitas vezes apontam para a verdade à sua maneira, mas não seria correto dizer que você "precisa" delas para ser sábio. Afinal, havia muitas pessoas sábias antes do surgimento da internet. A sabedoria pode se beneficiar de uma diversidade de fontes, mas não *precisa* de "equilíbrio" da mesma forma que o corpo humano. Por exemplo, se tivéssemos apenas a Bíblia para nos "alimentar" a fim de obter sabedoria, estaríamos bem, mas comer *apenas* alimentos do "grupo dos pães" deixaria nosso corpo doente.

Como na Pirâmide Alimentar, a estrutura hierárquica da Pirâmide da Sabedoria é importante (embora não no mesmo sentido, como observado anteriormente). É importante que observemos duas coisas sobre a estrutura da Pirâmide da Sabedoria: de baixo para cima, ela vai do mais duradouro (a Palavra eterna) ao mais fugaz (a postagem de rede social que logo é esquecida). De baixo para cima, também vai do mais diretamente mediado por Deus (sua palavra falada a nós nas Escrituras) para o menos mediado diretamente por Deus (algoritmos de rede social coordenados por máquinas). Vai de uma comunicação mais clara e confiável da verdade na base para fontes menos claras e menos confiáveis no topo, onde a verdade é possível, mas requer mais discernimento para ser encontrada.

As seções inferiores da pirâmide são, portanto, prioridades mais cruciais em nossos hábitos diários de conhecimento do que as seções superiores. O problema, claro, é que invertemos inteiramente a ordem de prioridade hoje, com as fontes mais fugazes e humanas agora ocupando nossa base epistemológica. Essa fundação, no entanto, é como areia movediça. Precisamos de algo mais durável. Precisamos de uma fonte de sabedoria inabalável, imutável e eternamente confiável — algo pelo qual todas as outras fontes sejam medidas. Milênios de experiência humana mostraram que encontramos isso na própria palavra de Deus.

A Pirâmide da Sabedoria não é um programa abrangente para o bem-estar espiritual ou um truque para otimizar a vida na era digital. Não sou um guru, e este livro é humildemente apresentado principalmente para orientá-lo a fontes *mais confiáveis do que eu*. Meu objetivo é simplesmente lançar um holofote não exaustivo sobre algumas fontes vitais, confiáveis e vivificantes da verdade para ajudá-lo a navegar com sabedoria no caos da era da informação.

CAPÍTULO 4

A BÍBLIA

Bem-aventurado aquele que não anda no conselho dos ímpios,
não se detém no caminho dos pecadores, nem se assenta na roda
dos zombadores; pelo contrário, seu prazer está na lei do Senhor,
e na sua lei medita dia e noite. Ele será como a árvore plantada
junto às correntes de águas, que dá seu fruto no tempo certo e
cuja folhagem não murcha. Tudo que ele fizer prosperará.

Salmos 1.1-3

Sempre me lembrarei da Bíblia do meu pai. Durante minha infância, era quase um móvel de nossa casa: grossa, encadernada em couro preto, com bordas folheadas a ouro; cheia de boletins da igreja, cartões de versículos e quem sabe mais o que. As páginas bem gastas eram adornadas com versos sublinhados, seções destacadas em vários tons e margens cheias de anotações. Eu via meu pai com ela quase todos os dias — estudando durante sua devocional, preparando uma aula da escola dominical, ou talvez guiando nossa família em um culto doméstico na hora do jantar. A presença da Bíblia do meu pai por perto era um conforto. Acredito que o fato de, para meu pai, a Bíblia não ser apenas um adereço para levar à igreja aos domingos a tornou mais confiável para mim. Para ele, a Bíblia era sua amada fonte de orientação para a vida cotidiana.

E isso não diz respeito apenas ao meu pai. Crescendo, vi tantos membros da família e amigos que amavam e foram transformados pela Bíblia, inclusive eu. Minha vida estava repleta da Bíblia: aprendendo histórias do Antigo Testamento em flanelógrafos na escola dominical, memorizando a ordem dos sessenta e seis livros da Bíblia na Escola Bíblica de Férias, jogos de tabuleiro com *quiz* da Bíblia, memorizando o "Caminho de Romanos para a salvação," cantando músicas que diziam:

> Leia a Bíblia e faça oração, Se quiser crescer.
> Quem não ora e a Bíblia não lê, Não irá crescer.

A Bíblia foi o livro que moldou minha vida mais do que qualquer outra coisa, o que é estranho quando olho para trás: um garoto sardento de Oklahoma sendo profundamente moldado por uma antiga coleção de literatura judaica e cartas mediterrâneas de 2 mil anos. Mas fui e ainda sou moldado por ela. E minha história não é única. A Bíblia tem sido uma fonte preciosa de verdade e vida em todo o mundo, por incontáveis gerações. Ela consegue falar com mães de crianças pequenas tanto quanto com um motorista de caminhão em Taipei; guia a vida de adolescentes skatistas de Buenos Aires em 2020 tanto quanto guiava a de um ferreiro de Liverpool em 1520. Aonde quer que você vá no mundo, pessoas que não têm quase nada em comum podem dizer em uníssono: "Leia a Bíblia!" Isso não pode ser dito de nenhum outro livro no mundo. Nenhuma outra fonte de verdade é tão universalmente amada e consistentemente transcultural quanto a Bíblia cristã, e é por isso que ela deve ser a base de qualquer Pirâmide da Sabedoria.

NOSSO PÃO DIÁRIO

Na Pirâmide Alimentar da minha infância, o "grupo do pão" era a camada fundamental. Apesar dos fluxos e refluxos da popularidade dos grãos e do glúten em várias dietas, sua importância na dieta humana é universal em todas as culturas e na história. Pão = sobrevivência.

A Bíblia é assim. Não é de se admirar que um devocional diário popular da Bíblia seja chamado de *Pão Diário*. O próprio Jesus fez a conexão quando citou as Escrituras para responder à tentação de Satanás: "Está escrito: Nem só de pão o homem viverá, mas de toda palavra que sai da boca de Deus" (Mt 4.4).

Se quisermos nos tornar sábios, nossa dieta de informação deve começar com a Bíblia. Deve ser nosso fundamento, bem como a grade através da qual todas as outras fontes são testadas. Em um mundo de sobrecarga de informações, a Bíblia é graciosamente concisa e ao mesmo tempo abrangente. Em um mundo onde as informações são fugazes e não confiáveis, a Bíblia é um livro antigo que perdura em todas as épocas — o livro mais vendido da história que foi lido, pregado, investigado e estimado por bilhões de pessoas ao longo dos séculos. Em um mundo de "cada um tem sua verdade", onde a bússola interior é supostamente um guia confiável, a Bíblia representa uma fonte infinitamente mais confiável de conhecimento e verdade: o próprio Deus.

A Bíblia é nossa fonte mais importante de sabedoria porque é literalmente o Deus eterno — o padrão e a fonte de toda a verdade — se revelando. Que coisa milagrosa! No entanto, infelizmente, muitos de nós ficamos entediados com ela, lutando para lê-la habitualmente, se é que lutamos. Nossas Bíblias acumulam poeira em um canto escuro de nosso quarto enquanto nossos *feeds* do Instagram são constantemente atualizados. Quando a maioria de nós começa nosso dia (inclusive eu!), lemos mensagens e tuítes antes de ler as palavras de Deus.

E nos perguntamos por que estamos encontrando dificuldade para encontrar sabedoria. O mundo pós-verdade de hoje é como uma sala de fuga claustrofóbica onde todos nós estamos freneticamente tateando o chão, esperando que alguma coisa destranque uma saída — o tempo todo ignorando um livro escondido à vista de todos que tem as instruções de que precisamos. Está bem ali, esperando para ser aberto; esperando para nos libertar dos caminhos aleatórios e becos sem saída de um mundo em que a "verdade" é feita por nós mesmos.

SABEDORIA INCRIADA

A sabedoria humana e temporal existe apenas porque Deus existe e graciosamente se revela a nós. O Evangelho de João começa declarando:

> No princípio era o Verbo, e o Verbo estava com Deus, e o Verbo era Deus. Ele estava no princípio com Deus. Todas as coisas foram feitas por intermédio dele, e, sem ele, nada do que foi feito existiria. A vida estava nele e era a luz dos homens (Jo 1.1-4).

Esses versículos associam a sabedoria eterna de Deus com palavras: palavras que criam; palavras que iluminam; o Logos não criado que se fez carne na pessoa de Jesus Cristo, "em quem estão ocultos todos os tesouros da sabedoria e da ciência" (Cl 2.3). Em 1Coríntios 2, Paulo diz que o evangelho que ele transmite não é "a sabedoria desta era, nem dos seus governantes" (v. 6), mas "do mistério da sabedoria de Deus, que esteve oculto, o qual Deus preordenou antes dos séculos para nossa glória." (v. 7).

A Bíblia revela para nós — criaturas temporais em lugares e tempos fixos — um pouco dessa sabedoria oculta e eterna. É Deus iniciando uma conversa conosco, se tivermos ouvidos para ouvir. "Todo o curso da narrativa bíblica é estruturado como um diálogo," John Frame escreve em *A doutrina da palavra de Deus*. "Deus fala, o homem responde. O curso da história subsequente é o resultado da resposta do homem à palavra de Deus".[1]

Se a Bíblia é menos do que as palavras pessoais de Deus para nós, então, tratá-la como o fundamento da sabedoria faz pouco sentido. Se for apenas uma coleção antiga de textos sagrados criados por humanos para propagar uma religião em particular, a Bíblia teria pouca importância. Mas ela não é apenas um livro. São as próprias palavras de Deus para nós. Portanto, quando lemos a Bíblia, estamos nos encontrando com o próprio Deus.

A AUTORIDADE DA ESCRITURA

A ligação inseparável entre a palavra de Deus e o próprio Deus significa que, se amamos a Deus, amaremos a sua palavra.

Se tememos a Deus, tememos a sua palavra. Se cremos na autoridade de Jesus Cristo, também cremos na autoridade das

---

[1] FRAME, John M. *The doctrine of the Word of God* (Phillipsburg: P&R, 2010), p. 56 [Edição em português: *A doutrina da palavra de Deus* (São Paulo: Cultura Cristã, 2013)].

Escrituras (como o próprio Jesus cria).[2] Quando Deus fala, somos obrigados a obedecer. Seu discurso — e apenas o dele — possui a autoridade suprema. E a Escritura é o seu discurso.

Porém nós, humanos, odiamos a autoridade. Não gostamos de nos sujeitar a ninguém além de nós mesmos. Gostamos de pensar (como vimos no capítulo 3) que *nós* somos tudo de que precisamos para entender como se dar bem no mundo. O pecado original de Adão foi uma orgulhosa autossuficiência intelectual, o que J. I. Packer descreve como a "capacidade de resolver todos os problemas da vida sem a palavra de Deus".[3] A verdadeira fé, argumenta Packer, significa abandonar a noção de autonomia intelectual e reconhecer que "a verdadeira sabedoria começa com a disposição de tratar a Palavra de Deus como a autoridade final".[4] O homem não é a medida de todas as coisas; Deus o é.

A palavra de Deus é nossa autoridade indiscutível e mais importante. Isso não quer dizer que seja a nossa única autoridade. R. C. Sproul observa que a noção reformada de *sola Scriptura* não significa que a Bíblia seja a única autoridade para o cristão, mas que é a única autoridade *infalível*.[5] Papas, concílios, tradição

---

[2]Jesus acreditava no Antigo Testamento (a Escritura que ele tinha na época). Era o "fundamento de todo o ministério de Cristo," argumenta Packer. "Ele desafiou as interpretações da Escritura da época, mas compartilhava e apoiava a visão aceita da sua natureza e condição como declaração autoritativa de Deus" PACKER, J. I. *"Fundamentalism" and the Word of God* (Grand Rapids: Eerdmans, 1958), p. 58.

[3]Ibidem., p. 139.

[4]Ibidem., p. 161.

[5]SPROUL, R. C. *Scripture alone: The evangelical doctrine* (Phillipsburg: P&R, 2005), p. 17.

da igreja, pastores, estudiosos com doutorado e todas as outras fontes humanas são falíveis, mas as Escrituras são infalíveis — pela simples razão de que o próprio Deus é infalível.

Isso é importante porque algumas tradições cristãs colocam a autoridade das Escrituras em pé de igualdade com outras autoridades. O catolicismo romano, por exemplo, coloca a tradição da igreja em pé de igualdade com as Escrituras. Alguns cristãos liberais colocam a razão humana em pé de igualdade com a autoridade das Escrituras, sugerindo que nossos valores contemporâneos e interpretações subjetivas, em última análise, determinam o significado da Bíblia. No entanto, ambas as abordagens falham porque colocam muita autoridade nas interpretações falhas dos homens.

Novamente, isso não quer dizer que a tradição da igreja e a razão humana (entre outras coisas) não sejam autoridades *valiosas*; é apenas que essas coisas são autoridades menores do que a autoridade das Escrituras. É por isso que, à medida que avançamos neste livro e examinamos outras fontes de verdade, conhecimento e informação que podem nos ajudar a nos tornarmos sábios, é importante compará-las com as Escrituras — a única fonte *infalível* de verdade.

Mas as Escrituras são, de fato, *infalíveis*? A Bíblia não foi escrita por humanos falíveis? Ela não está cheia de aparentes erros e contradições? Essas são objeções comuns ao tratamento das Escrituras como uma autoridade epistemológica final. Respondê-las suficientemente exigiria muito mais espaço do que tenho aqui. Contudo, a resposta curta é que o foco deve estar na infalibilidade de Deus e na comunicação original perfeita para nós, não na imperfeição dos copistas, tradutores e intérpretes humanos. Sproul pontua sucintamente quando diz: "Quando a ortodoxia confessa a infalibilidade das Escrituras, não está confessando nada sobre a infalibilidade intrínseca dos homens. Em vez disso, a confissão repousa sua confiança na integridade de Deus".[6]

Que alívio! Podemos confiar na Escritura — que é toda "inspirada por Deus" (2Tm 3.16) — porque confiamos em *Deus*. Não se trata de nossa certeza ou nossa compreensão perfeita. Trata-se da perfeição de Deus e sua suficiência em não apenas revelar sua verdade para nós, mas também em traduzi-la para nós pelo poder do Espírito Santo.

O TRADUTOR DE DEUS: O ESPÍRITO SANTO

Em 1Coríntios 2, Paulo diz que seu discurso e sua mensagem "não consistiram em palavras persuasivas de sabedoria, mas em demonstração do poder do Espírito, para que a vossa fé não se apoiasse em sabedoria humana, mas no poder de Deus" (v. 4-5).

Nossa fé repousa no poder de Deus, que nos permite ouvir e processar suas palavras de tal maneira que nos leve à fé e ao entendimento. Existem razões racionais para acreditar que as Escrituras são verdadeiras, mas, em última análise, "a nossa plena persuasão e certeza da infalível verdade e divina autoridade [da Escritura] provém da operação interna do Espírito Santo, que, pela palavra e com a palavra, testifica em nosso coração", como a Confissão de Fé de Westminster declara.[7] O Espírito Santo

---

[6]Ibidem., p. 85.

[7]Confissão de Fé de Westminster, 1.5, 1647. Disponível em: http://www.monergismo.com/textos/credos/cfw.htm.

inspirou a escrita e ilumina a leitura das Escrituras, de tal forma que "o autor do texto abre o texto para nós".[8] Packer escreve:

> Sem a ajuda do Espírito não pode haver compreensão da mensagem das Escrituras, nenhuma convicção da verdade das Escrituras e nenhuma fé no Deus das Escrituras. Sem o Espírito, nada é possível, exceto a cegueira espiritual e a incredulidade. [...] Nosso livro dado por Deus é um livro fechado até que nosso Mestre dado por Deus o abra para nós.[9]

A sabedoria oculta de Deus é revelada a nós pelo Espírito, como Paulo escreve em 1Coríntios 2, e "ninguém conhece as coisas de Deus, a não ser o Espírito de Deus" (v. 11). Na Reforma, Calvino descreveu um *testimonium Spiritus Sancti internum* — o testemunho interno do Espírito Santo. Escrevendo em suas Institutas, ele disse:

> Nossa convicção da verdade da Escritura deve ser derivada de uma fonte superior às conjecturas, razões e julgamentos humanos; a saber, o testemunho secreto do Espírito. [...] O testemunho do Espírito é superior a toda razão. Assim como apenas Deus é testemunha idônea de sua Palavra, também não se dará fé à Palavra no coração dos homens sem o testemunho interior do Espírito.[10]

---

[8] FRAME, op. cit., p. 309

[9] PACKER, op. cit., p. 112.

[10] CALVINO, João. Institutes of the christian religion, 1.7.4 (Peabody: Hendrickson Publishers, 2008), p. 33.

Da mesma forma, Jonathan Edwards descreveu um "gosto espiritual" que "os verdadeiros cristãos têm para guiá-los e dar-lhes discernimento pelo Espírito de Deus".[11] O "gosto espiritual" não cria um novo significado da palavra de Deus, mas ajuda o leitor a discernir a leitura e a aplicação corretas dela. "Ele remove os preconceitos de um apetite depravado e conduz naturalmente os pensamentos para o caminho certo", escreveu Edwards. "Ele lança luz sobre a Palavra de Deus e faz com que o verdadeiro significado venha naturalmente à mente, porque há uma harmonia entre a disposição e o prazer de uma alma santificada e o verdadeiro significado das regras da Palavra de Deus".[12]

É importante ressaltar que a obra do Espírito no que se refere às Escrituras *não* é fazer novas revelações, mas iluminar o que já foi revelado. Estamos em terreno perigoso quando afirmamos que o Espírito nos levou a alguma nova revelação ou a um entendimento além do que está nas Escrituras. "O Espírito não é o motivador da espiritualização fantasiosa", escreve Packer. "O único significado que ele testemunha é aquele que cada texto realmente tem no texto das Escrituras".[13]

Contudo, por que existem tantas leituras divergentes e contraditórias das Escrituras? O Espírito Santo está traduzindo as palavras de Deus de maneira diferente para pessoas diferentes? Quais são as marcas de uma leitura e aplicação das Escrituras guiadas pelo Espírito em oposição a uma abordagem carnal e humana?

---

[11] EDWARDS, Jonathan. Religious affections (Minneapolis: Bethany House, 1986), p. 113.

[12] Ibidem., p. 114-15.

[13] PACKER, op. cit., p. 112.

CINCO PRINCÍPIOS PARA EXAMINAR ADEQUADAMENTE AS ESCRITURAS

O manejo adequado das Escrituras é um assunto enorme e importante. O que se segue é, obviamente, apenas uma introdução. Existem muitos outros recursos úteis sobre o tema, mas, neste espaço, quero descrever apenas alguns princípios-chave para aproveitar ao máximo esse importante fundamento para a sabedoria.[14]

1. A Escritura deve falar a todas as áreas da vida

Às vezes, podemos olhar para as Escrituras como um recurso que fala apenas sobre o estado de nossa alma ou oferece dicas para uma vida moral. No entanto, a Escritura não é algo para compartimentar como um entre muitos recursos para se invocar quando surgem certas situações. Por ser a palavra de Deus, que é o Senhor de tudo, as Escrituras nos falam sobre tudo: dinheiro, sexo, família, arte, ciência, direito e política, para citar alguns. Portanto, examinar adequadamente a Bíblia significa reconhecer que ela deve informar tudo em nossa vida não importa quem somos, o que fazemos ou como nos sentimos. Além disso, em vez de ver a Bíblia

---

[14]Existem muitos livros bons sobre a Bíblia por aí, além dos que já citei neste capítulo. Você pode explorar alguns para um estudo aprofundado sobre a natureza, autoridade e confiabilidade da Escritura: William Whitaker, *Disputations on Holy Scripture*; B. B. Warfield, *The inspiration and authority of the Bible*; D. A. Carson e John D. Woodbridge, eds., *Scripture and truth*; Meredith Kline, *The Structure of biblical authority*; Michael Kruger, *Canon revisited: establishing the origins and authority of the New Testament books*; Peter J. Williams, *Can we trust the Gospels?*; Wayne Grudem, C. John Collins, Thomas R. Schreiner, eds., *Understanding Scripture: an overview of the Bible's origin, reliability, and meaning*.

como ameaçada ou em competição com outras disciplinas (como ciência, filosofia ou economia), devemos ver como as Escrituras trabalham em conjunto com a razão para iluminar os mistérios do mundo. Não devemos ver a Bíblia como um manual de como escapar deste mundo, mas sim como um livro de sabedoria para, em parte, aplicar a verdade revelada de Deus a toda a vida agora. Devemos "pensar biblicamente sobre tudo," como um *slogan* da *Biola University* afirmou certa vez.[15] As Escrituras devem ser o fundamento e o impulso para todas as nossas buscas por conhecimento.

2. A Escritura deve definir seu paradigma (não o contrário)

Você pode estar pensando: se amar a Bíblia significa tornar-se sábio, então por que tantas pessoas que amam a Bíblia são tão horríveis e insensatas — usando a Bíblia de maneira egoísta para defender a ignorância, justificar o preconceito e perpetuar o medo e o ódio? A resposta é que elas estão instrumentalizando a Bíblia. Elas não se achegam a Bíblia para serem moldadas por ela; elas se aproximam da Bíblia para moldá-la no que querem que a Bíblia seja. Vemos isso na política o tempo todo: "cristãos" em todos os partidos apelam à Bíblia para justificar suas posições políticas. Vemos isso em nossa própria vida também. Todos nós tendemos a gostar das partes das Escrituras que apoiam nossos paradigmas enquanto ignoramos ou minimizamos as partes que ameaçam nosso *status quo*.

---

[15] Quando eu trabalhava no departamento de marketing da *Biola University*, ajudei a criar o *slogan* e campanha publicitária "Pense de forma bíblica sobre qualquer coisa." Veja "Biola University: think biblically about everything," vídeo do Youtube, 28 de fevereiro de 2013. Disponível em: https://youtu.be/hdXwmOYBgSk.

Mas coisas ruins acontecem quando começamos a moldar as Escrituras de acordo conosco em vez de nos moldar de acordo com as Escrituras. Devemos sempre vigiar para não forçar os textos bíblicos a se encaixarem em nossas preferências.

3. A Escritura é valiosa como um todo, não apenas as partes

Muitas vezes, achegamo-nos às Escrituras de forma fragmentada, tirando partes do contexto para defender esta ou aquela posição ou para fazer algum argumento pontual. Muitos pregadores perpetuam isso usando versículos aleatórios aqui ou ali para provar seus argumentos, em vez de derivar seus pontos em um estudo cuidadoso das Escrituras como um todo. Mas contexto é tudo no que se refere ao estudo da Bíblia. A verdade de qualquer versículo se torna mais clara quando a vemos no contexto mais amplo. Tiramos o máximo proveito da Bíblia quando a lemos em grandes pedaços e compreendemos sua grande narrativa. Afinal, a Bíblia é uma *narrativa* coesa, e não uma coleção de citações aleatórias para sua vida *#abençoada*. Isso significa que devemos evitar escolher apenas as partes de que gostamos, ou criar cânones dentro de cânones onde favorecemos algumas partes da Escritura em detrimento de outras (por exemplo, o Novo Testamento sobre o Antigo Testamento, o cientificamente viável sobre o sobrenatural/milagres, as "letras vermelhas" das citações de Cristo sobre todo o resto). Como Frame diz: "Como a Escritura é a palavra pessoal de Deus, ela *toda* tem autoridade [...] não apenas aquelas partes que achamos atraentes, convincentes, relevantes ou culturalmente respeitáveis".[16]

---

[16]FRAME, op. cit., p. 165.

4. As Escrituras devem despertar adoração e obediência

Devemos "ser praticantes da palavra e não apenas ouvintes" (Tg 1.22). Nossa vida deve ser maravilhosamente transformada pela Bíblia porque *obedecemos* ao que ela diz. Parte disso é reconhecer que a Bíblia deve envolver não apenas nossa mente, mas também nosso coração, levando-nos a *amar* o Senhor e confiar nele cada vez mais. Lemos a Bíblia para conhecer seu autor, para contemplar a beleza e a glória de Cristo. Como disse o escritor puritano John Owen: "A glória das Escrituras é que ela é o principal e o único meio externo para conhecermos a glória de Cristo".[17] A sabedoria das Escrituras está, portanto, intimamente ligada à adoração e ao amor. Obedecemos à palavra de Deus porque amamos Jesus (Jo 14.21). Somos *praticantes* da Palavra porque *amamos* a Deus. Nosso tempo na Bíblia deve, idealmente, combinar com o tempo em oração, respondendo a Deus com amor e gratidão enquanto ele fala conosco. Se o primeiro passo da sabedoria é o temor de Deus, o segundo passo é ter nosso coração "subjugado pela *piedade*", escreveu Agostinho, "e não ir contra a Sagrada Escritura. [...] Devemos antes pensar e acreditar que tudo o que está escrito, mesmo que esteja oculto, é melhor e mais verdadeiro do que qualquer coisa que possamos inventar por nossa própria sabedoria".[18] De fato, a sabedoria vem quando somos gratos e acatamos a palavra de Deus acima de nossos próprios instintos, quando

---

[17] OWEN, John. *The glory of Christ* (Edinburgh: Banner of truth trust, 1994), p. 33.

[18] Agostinho, *On Christian Doctrine* (Pickerington: Beloved Publishing, 2014), p. 41, ênfase acrescentada.

"[Confiamos] no Senhor de todo o coração, e não no [nosso] próprio entendimento" (Pv 3.5).

5. A Escritura não precisa fazer sentido completamente

Obter sabedoria a partir do estudo bíblico exige uma profunda humildade intelectual. Afinal, estamos lidando com as palavras de um Deus onisciente, reveladas a escritores em contextos culturais antigos. Se tudo nela faz todo o sentido, e temos respostas e resoluções para cada paradoxo complicado e mistério que a Bíblia levanta, algo está errado. É arrogante e perigoso acreditar que todo mistério das Escrituras ou aparente inconsistência pode ser facilmente resolvido. Muitas vezes isso leva à heresia. Cuidado com o estudioso que afirma uma fórmula definitiva para entender a Trindade, a encarnação, a expiação ou outras doutrinas difíceis. Uma abordagem mais saudável é estar bem com certa medida de "eu não sei". Isso não significa desligar nosso cérebro, "deixar para lá" e tolerarmos a imprecisão teológica. Em vez disso, as dificuldades das Escrituras deveriam nos convidar a um exame ainda mais rigoroso e preciso, indo mais fundo em nosso estudo como aprendizes ao longo da vida, não porque temos que saber tudo o que Deus sabe, mas porque, quanto mais imersos estivermos nas Escrituras, mais sentimos a sua doce presença. "Não entendemos tudo nas Escrituras", escreve Frame, "mas entendemos muito, pela graça de Deus, e o que entendemos torna-se a base de nossa vida, nosso único conforto na vida e na morte".[19]

---

[19]FRAME, op. cit., p. 296

VALORIZANDO A DÁDIVA!

Hoje pela manhã, sentei-me em minha cadeira de leitura e coloquei meu filho de onze meses, Chet, em meu colo para ler a Bíblia. Ele estava agitado, distraído e mais interessado em comer ou rasgar as páginas do que em me ouvir ler as palavras (ironicamente, há algumas semanas, ele arrancou uma página inteira de Provérbios enquanto eu lia as palavras de Provérbios 23.15: "Meu filho, se teu coração for sábio, o meu próprio coração se alegrará"). Apesar da sua agitação hoje, encontrei-me cheio de gratidão e chorei enquanto lia. A Bíblia é um tesouro valioso. Que dádiva!

Que dádiva é poder ler este texto para meu filho — o mesmo texto que meu pai leu para mim e que tantas gerações de pais e mães leram para seus filhos. Que dádiva é ter este livro físico no colo, bem gasto e cheio de páginas marcadas, como a Bíblia de meu pai — um refúgio precioso para retornar dia após dia em cada alto e baixo da vida. Que dádiva ter essa fonte infalível e sagrada da verdade em um mundo onde estamos cansados de inverdades e sitiados por informações não confiáveis por todos os lados, inclusive em nosso próprio coração enganoso.

Dedicamos tempo suficiente para considerar o quão impressionante é o fato de Deus ter se revelado a nós dessa maneira, falando-nos palavras sobre si mesmo quando poderia ter permanecido em silêncio? Como meu colega Matt Smethurst observou, Deus poderia ter nos deixado em nossa ignorância, como pecadores indignos que somos:

No entanto, ele não deixou. Ele abriu a cortina. E, então, abriu a sua boca sagrada. Qualquer conhecimento autêntico de Deus depende de sua generosa autorrevelação para nós. Somente através das suas palavras podemos descobrir quem ele é, como ele é, o que ele deseja e como podemos conhecê-lo. Isso deve nos humilhar profundamente. A Bíblia que você possui é uma evidência de que Deus o ama e quer um relacionamento com você. Não importa quem você é ou quantas vezes você tenha desprezado o amor dele, ele ainda está se movendo em sua direção, ainda falando com você — ainda fazendo amizade com você — através de um livro.[20]

Que interessante. A graciosa autorrevelação de Deus, por meio de um livro, deve inspirar diariamente em nós o tipo de gratidão e louvor que vemos no salmo 19. A palavra de Deus vivifica a alma e torna sábio o simples (v. 7); alegra o coração e ilumina os olhos (v. 8); é mais desejável que o ouro e mais doce que o mel (v. 10). Devemos ter o fervor de John Wesley, que uma vez disse: "Ó, dê-me este livro! Eu faço qualquer coisa para conseguir o livro de Deus!".[21]

Valorizamos realmente a Bíblia dessa maneira? Deleitamo-nos e meditamos nela dia e noite, de modo que nos tornemos, como escreve o salmista, como uma árvore plantada junto a águas correntes, robustas e frutíferas, em vez de passageiros

---

[20] SMETHURST, Matt. "Does God love you? You own tangible evidence", *The Gospel Coalition*, 22 de julho de 2019. Disponível em: https://www.thegospelcoalition.org/article/god-love-tangible-evidence/.

[21] WESLEY, John. Prefácio ao *Sermons on several occasions*, volume I. Disponível em: https://en.wikisource.org/wiki/Sermons_on_Several_Occasions/Volume_I/Preface.

como a palha? John Owen observou corretamente que a vitalidade espiritual de alguém se manifesta em um apetite saudável pelas Escrituras: "Se você não tem apetite pela palavra de Deus, então sua vida espiritual está muito ruim".[22] Acordamos de manhã com fome do alimento diário "mais do que o mel" das Escrituras, cheio de nutrientes dados por Deus que alimentaram bilhões de pessoas ao longo de milhares de anos, ou, em vez disso, vamos às máquinas de vendas dos nossos telefones, engolindo petiscos de qualquer doce viciante que agrade ao nosso gosto no momento?

Tragicamente, nossas Pirâmides de Sabedoria geralmente estão de cabeça para baixo. O que deveria ser o nível básico — a palavra eterna de Deus — é muitas vezes relegado ao topo do "use com moderação". Enquanto isso, o que realmente deveria estar no topo do "use com moderação" — as palavras efêmeras do homem (ou seja, as redes sociais) — muitas vezes ocupa a base. E nos perguntamos por que estamos enlouquecendo.

Contudo, a Bíblia está aí para lermos, graças a Deus. É um tesouro que nem sequer está enterrado. A fonte de verdade mais confiável e importante que a humanidade já conheceu é facilmente encontrada. Está na gaveta de seu quarto de hotel. Está na loja de aplicativos. Está na Amazon. Provavelmente está na sua prateleira, ou na prateleira da sua avó.

Abra. Baixe. Leia. Valorize. Obedeça. Torne-se sábio.

---

[22]Owen, *The glory of Christ*, p. 158.

QUESTÕES PARA DISCUSSÃO

1. Quais hábitos ou ritmos funcionaram para você tornar as Escrituras mais importantes em sua vida diária?

2. Quais recursos (livros, comentários, vídeos, *podcasts* etc.) te incentivaram a ler e estudar mais a Bíblia ou tornaram a Bíblia mais interessante e acessível para você?

3. Como é deixar as Escrituras moldarem você em vez de tentar moldar as Escrituras? Você consegue pensar em exemplos de como você ou outras pessoas tentaram moldar as Escrituras? E por que isso é tão problemático?

CAPÍTULO 5

A IGREJA

Pensemos em como nos estimular uns aos outros ao amor e às boas obras, não abandonemos a prática de nos reunir, como é costume de alguns, mas, pelo contrário, animemo-nos uns aos outros, quanto mais vedes que o Dia se aproxima.

Hebreus 10.24-25

AS RECENTES MANCHETES SOBRE A IGREJA têm sido dominadas pela palavra *sair*. A narrativa tem sido que as pessoas — especialmente os jovens — na cultura ocidental estão deixando a igreja, achando-a desnecessária ou contraproducente para sua busca espiritual.

As razões são compreensíveis. Afinal, as igrejas estão cheias de pecadores que estão sendo santificados gradativamente e os problemas inevitavelmente surgem. Conflitos interpessoais. Escândalos de liderança. Hipocrisia. Abusos de autoridade. Abusos sexuais. Encobrimentos. Apatia sobre a injustiça e a situação dos marginalizados. Misturar a fé com política partidária. Para muitos jovens "*good vibes*" que foram criados com tecnologia que lhes permite filtrar qualquer coisa difícil ou irritante, a igreja e seu grupo heterogêneo de pessoas muitas vezes frustrantes podem parecer problemáticos demais para conviver.

Além disso, muitos cristãos ocidentais foram criados em uma fé que coloca grande ênfase no indivíduo ("relacionamento pessoal com Jesus") e pouca (se é que alguma) ênfase no comunitário. Se o cristianismo trata-se principalmente de fazer suas próprias coisas com Jesus, então deixar a igreja não é tão difícil. Se a igreja *acrescenta* algo à caminhada espiritual da pessoa, então ótimo, mas, se for um incômodo ou um obstáculo, basta abandoná-la. Você pode amar a Jesus sem amar a igreja... pelo que dizem.

Contudo, por mais que a igreja pareça fácil de se evitar no mundo de hoje, a realidade é que ela pode ser uma fonte indispensável de estabilidade e crescimento; um tesouro de sabedoria comunitária cheio do Espírito, o qual seríamos tolos em negligenciar. A igreja, o *povo* de Deus, perde apenas para a Bíblia, a *palavra* de Deus, como fonte de sabedoria confiável e transformadora. Especialmente em nossa época imprudente, apegar-se à igreja — o corpo com mais de 2 mil anos, crescente e global de Jesus Cristo na terra — pode ser como encontrar um farol quando você está perdido em um mar revolto. Uma igreja fiel e centrada em Cristo e seus padrões de adoração que infundem sabedoria são cada vez mais um refúgio para aqueles que estão sendo atingidos pelo turbilhão de nossa era digital. Certamente o é para mim. Quando o domingo chega a cada semana, sinto-me desesperado: desesperado por estar perto de uma comunidade real e de carne e osso, depois de passar minha semana interagindo principalmente com as pessoas através das telas; desesperado para fugir dos debates inconstantes e fugazes das redes sociais para um espaço de adoração que vislumbra o eterno.

Em vez de *fugir* da igreja nestes tempos confusos e caóticos, as pessoas deveriam correr *em direção* a ela, e aqui estão algumas razões para isso.

A SABEDORIA DA COMUNIDADE EM UMA ERA
INDIVIDUALISTA

Se a voz de Deus nas Escrituras é a voz da sabedoria eterna, então conhecer as Escrituras é conhecer a sabedoria. É por isso que as Escrituras (como vimos no capítulo anterior) são o fundamento absoluto de qualquer dieta de sabedoria, uma vez que são a única fonte perfeita da verdade. Mas, para conhecer bem a Escritura, precisamos conhecê-la em comunidade. Essa é uma razão pela qual a igreja é tão importante. Podemos ler e desfrutar da Bíblia por conta própria, totalmente à parte de uma igreja e infelizmente para algumas pessoas no mundo essa pode ser sua única opção. Entretanto, a Bíblia antiga nem sempre é fácil de entender para os leitores contemporâneos, e intepretações individualistas dela ("o que significa para mim") podem levar a lugares heréticos.

A igreja é uma *comunidade* interpretativa, onde a sabedoria coletiva ao longo da história da igreja e em várias estruturas de governo (denominações, conselhos de presbíteros, membros) fornecem barreiras contra a teologia errônea. A igreja traz plenitude e foco à nossa compreensão e aplicação da verdade de Deus de maneiras que vão mais fundo do que uma abordagem "apenas eu e Jesus" pode fornecer.

Nossa era pós-verdade apresenta o eu individual como a fonte primária da verdade: "siga seu coração", "viva sua verdade", e assim por diante. Como vimos no capítulo 3, autoridades de todo tipo fora do *eu* agora estão sendo questionadas. E, no entanto, seguimos nosso coração — que é "mais enganoso que qualquer outra coisa e sua doença é incurável" (Jr 17.9, NVI) — por nossa conta e risco, tornando-nos sujeitos aos caprichos e contradições de nossas emoções inconstantes. Parece libertador apenas "viver sua verdade", sem os limites restritivos do policiamento moral e das instituições enfadonhas. Mas na verdade é um fardo.

Pode parecer contraintuitivo, mas se comprometer com uma igreja, mesmo que não seja perfeitamente adequada para você (por mais tentador que isso seja), é libertador. A comunidade da igreja liberta você do peso esmagador da auto-obsessão. Isso o liberta para fazer parte de algo maior do que você, com pessoas que não são como você. Isso o liberta das bolhas de confirmação de preconceito de apenas ser exposto a pessoas com ideias semelhantes que sempre o afirmam, mas nunca o desafiam. Isso o liberta do fardo de prestar contas apenas a si mesmo: no que *você* acredita, como *você* gosta de adorar, como *você* interpreta a Bíblia, como *você* deseja viver, e assim por diante. Quando somos a única autoridade nessas coisas, é difícil se tornar sábio.

A comunidade da igreja pode ser desafiadora, mas é o tipo de desafio que precisamos para crescer. É uma comunidade onde encorajamos e "[estimulamos] uns aos outros ao amor e às boas obras" (Hb 10.24); uma comunidade de transformação capacitada pelo Espírito, onde dons são dados a membros individuais para a edificação do corpo coletivo (1Co 12). É uma comunidade que nos ajuda a ver nossos pontos cegos e áreas de crescimento necessário; uma comunidade diversificada de exemplos de como caminhar, falar e viver como Cristo que podemos observar e imitar.

Andar sozinho não vai levá-lo muito longe. Prestar contas apenas à sua própria "autoridade" provavelmente o levará à doença espiritual. Precisamos da comunidade se quisermos nos tornar sábios, e comunidades de todos os tipos podem nos ajudar nisso: nossa família de sangue, nossos grupos de amigos, nossas associações profissionais e cívicas, nossos grupos de artistas e pensadores no estilo dos "Inklings". Tudo isso fornece alguma medida de responsabilidade e estímulo que pode nos ajudar a nos tornarmos sábios. Como C. S. Lewis diz: "A melhor coisa para se tornar sábio é viver em um círculo daqueles que já o são".[1]

Portanto, cerque-se de outros que são sábios. Entregue-se à comunidade mesmo que seja desconfortável. Quase todas as comunidades o ajudarão a se tornar mais sábio do que se estivesse sozinho. No entanto, a comunidade da igreja — um grupo comprometido em buscar a santidade *coletivamente* e mais interessado em glorificar a Deus do que em celebrar o *eu* "autêntico" — pode oferecer uma nutrição particularmente valiosa para uma dieta de sabedoria saudável.

A SABEDORIA DOS RITMOS CENTRADOS EM DEUS EM UMA ERA CENTRADA EM MIM

Os rituais semanais de adoração na igreja orientam nossa vida em torno de Deus e sua sabedoria. Quando cada momento de nossa existência no *iMundo* nos condiciona a celebrar o *eu*, a igreja celebra corajosamente algo maior, mais grandioso e mais atraente. Em uma época de narcisismo nauseante, onde todos clamam por estrelato e curtidas no Instagram, a igreja nos humilha e semanalmente lembra: isso não diz respeito à você. Diz respeito à Deus. Você é bem-vindo aqui, você é desejado, sua presença no corpo é importante. Você faz parte da história. No entanto, Deus é a estrela, não você. Que coisa libertadora e maravilhosa!

---

[1]LEWIS, C. S. "Hamlet: The Prince or the poem?" In: *Selected literary essays* (Cambridge: Cambridge University Press, 1969), p. 99.

Uma igreja saudável proclama uma mensagem que é radicalmente centrada em Deus, não centrada em mim. Trevin Wax coloca dessa forma:

> Um individualismo expressivo nos faria olhar profundamente para nosso coração a fim de descobrir nossa essência interior e expressá-la ao mundo. Mas o evangelho mostra como as profundezas de nosso coração estão mergulhadas no pecado; ele afirma que aquilo de que mais precisamos não é expressão, mas redenção. O mundo diz que devemos olhar para dentro, enquanto o evangelho diz que devemos olhar para o alto. Em uma sociedade de individualistas expressivos, essa mensagem é contracultural.[2]

Para o alto, não para dentro. Redenção, não expressão. Estas são apenas algumas das alternativas radicais que a igreja oferece à nossa era centrada em *mim*. Em um mundo que está em constante movimento, a adoração na igreja nos obriga a ficar quietos. Em um mundo de "falar rápido" que é ensurdecedoramente alto, a adoração na igreja nos permite sentar-se em silêncio e *ouvir*, aproveitando a palavra de Deus pregada e sua sabedoria transmitida. Em um mundo onde passamos muito tempo falando sobre *nós mesmos* — em redes sociais, *blogs*, YouTube, e assim por diante —, a adoração na igreja nos permite falar sobre Deus e para

---

[2]WAX, Trevin. "Why is expressive individualism a challenge for the church?", *The Gospel Coalition*, 18 de outubro de 2018. Disponível em: https://www.thegospelcoalition.org/blogs/trevin-wax/expressive-individualism-challenge-church/.

Deus. Cantamos seus atributos, seu amor e sua misericórdia para conosco, e declaramos isso na liturgia, nos credos e nas orações. Somos moldados por sua história, em leitura bíblica, pregação, batismo, Ceia do Senhor, confissão, canto comunitário e outros rituais regulares.

A sabedoria não se trata apenas de conceitos. Ela diz respeito às orientações de nosso tempo e energia, as *posturas* que moldam nosso coração, muitas vezes em níveis subconscientes. A oração, por exemplo, é um hábito crucial para obter sabedoria — não apenas porque a Bíblia diz que obter sabedoria pode ser tão simples quanto orar por ela (Tg 1.5; Cl 1.9), mas também porque a própria *postura* da oração gera sabedoria. Cada oração é uma refutação à lógica do "olhar para dentro" de nossa época. Orar é reconhecer que *não* temos todas as respostas em nós mesmos. *Não* temos sabedoria suficiente para tomar decisões complexas. Devemos humildemente nos voltar para Deus, o doador da sabedoria (Pv 2.6), buscando sua orientação em todas as coisas. Somos totalmente dependentes dele.

A igreja nos ajuda a nos habituarmos a essas práticas contraformacionais, como a oração. Nós as negligenciamos por nossa própria conta e risco, especialmente em um mundo tão apto a nos formar para sermos *imprudentes*. Como Mark Sayers ressalta em *Reappearing church* [A igreja reaparecendo]:

> Sentimos as possibilidades de uma comunidade cristã encarnada em um tempo de isolamento desencarnado? Em tempos de ansiedade e exaustão mental, estamos vendo as ricas tradições da oração, contemplação e meditação em Deus como antídotos para nosso cérebro exausto? Em um tempo de fratura social

e polarização cultural, entendemos o lugar poderoso que existe na mesa da comunhão?[3]

Também acho que os ritmos *anuais* do calendário da igreja fornecem uma ordenação coerente do tempo que precisamos em uma era não estruturada. Hoje, o tempo tende a ser ordenado em torno do que está em alta no noticiário, seja qual for a *hashtag* do dia (por exemplo, #DiaNacionalDoDonut, #DiaInternacionalDaMulher, #DiaMundialDoLivro), ou qualquer "feriado" comercial em que somos incentivados a comprar coisas (por exemplo, Dia dos Namorados, Dia das Mães e Dia dos Pais). Em contraste, o tempo na tradição cristã nos orienta em torno de Deus e sua história. O Advento é um período de antecipação e anseio ao refletirmos sobre a encarnação de Cristo. O Natal é uma festa para celebrar o dom da vinda de Cristo à terra. A Quaresma é um tempo de simplicidade e meditação enquanto preparamos nosso coração para lembrar o sacrifício de Cristo. A Quinta-Feira Santa, Sexta-Feira Santa, Sábado Santo e Domingo de Páscoa são o clímax de quatro dias do ano cristão, mas, infelizmente, muitos cristãos estão mais familiarizados com a "semana santa secular" de Ação de Graças, Black Friday, Sábado dos Pequenos Negócios e Cyber Monday.

Os antigos ritmos do calendário da igreja e os ritmos de adoração semanais da igreja local podem ser forças contraformacionais poderosas em nossa vida. Como sempre, tudo gira em torno de regularidade e hábito. Aparições ocasionais na igreja dificilmente nos moldarão, mas aparecer semanalmente e mergulhar na orien-

---

[3]SAYERS, Mark. *Reappearing church* (Chicago: Moody Publishers, 2019), p. 187.

tação "não-sobre-mim" de uma igreja pode fazer maravilhas para sua sanidade espiritual em uma época insensata.

A SABEDORIA DAS LIMITAÇÕES EM UMA ERA SEM LIMITES

Se a natureza exagerada do "tudo é possível" de nossa época está nos tornando doentios e insensatos, um dos maiores dons que a igreja pode oferecer é foco, alicerce e limitação.

O diretor de fotografia vencedor do Oscar, Emmanuel Lubezki, disse uma vez: "A arte é feita de restrições. Quando você não as tem, enlouquece, porque tudo é possível".[4] Esse sentimento poderia ser facilmente aplicado à vida em geral. Mude a palavra "arte" nessa citação por "vida" e ainda funciona. Enlouquecemos na vida quanto tudo é possível. Não sabemos para onde olhar, para onde ir, em que confiar, que caminho seguir. Se todas as direções são possíveis, acabamos não indo a lugar nenhum. É aqui que a igreja, funcionando como uma comunidade de responsabilidade e limitação, é realmente *libertadora* para qualquer um que se comprometa com ela.

Nos melhores casos, a família nuclear também funciona dessa maneira. É nossa primeira comunidade — nosso professor mais próximo e contínuo na vida. Enquanto as famílias assumem várias formas e tamanhos, e vários graus de saúde, essa microcomunidade representa as pessoas com maior probabilidade de moldar quem nos tornamos. A família nuclear de alguém é

---

[4]BENJAMIN, B. "Emmanuel Lubezki, ASC, AMC creates emotionally resonant imagery for Terrence Malick's The tree of life", *American Cinematographer*, agosto de 2011. Disponível em: https://theasc.com/ac_magazine/August2011/TheTreeofLife/page1.html.

um dom *limitante* dado por Deus. Em vez de agentes livres que vagam pelo planeta sem objetivo ou apego, somos enraizados, contextualizados e formados dentro desse grupo *específico* de pessoas que não escolhemos. A família nuclear é um *presente* que devemos valorizar e defender — especialmente em uma época às vezes propensa a apresentar a "cidadania global" como algo mais atraente do que a filiação local.

Comprometer-se com uma igreja local — como aceitar seu lugar em determinada família nuclear — significa comprometer-se com *essa família em particular, esse lugar em particular, esse posto avançado em particular* do reino de Deus. É um estreitamento do nosso campo de escolhas ilimitadas. Mas, longe de encolher nosso mundo, essa limitação é libertadora. Aterrissar em uma igreja e estar ali fundamentado, *prestar contas* ali, proporciona uma estabilidade espiritual e relacional que reduz o número de variáveis na vida. Isso fornece um terreno definido onde podemos criar raízes, crescer e ser frutíferos, e também desafia a inquietação do FOMO que nos tenta a nos mover tão rapidamente de um lugar para outro que nunca damos frutos em nenhum lugar.

A igreja também fornece limitações morais. Em vez do fardo da moralidade do "tudo é possível," onde o certo e o errado estão nos olhos de quem vê, a igreja — guiada pelas Escrituras e pela tradição interpretativa — oferece uma clareza refrescante sobre o que está claramente certo e claramente errado, e como navegar pelas áreas cinzentas no meio. Esses limites esclarecedores podem ser um presente para nós, mas temos de estar dispostos a nos submeter a eles.

Recentemente, o ator Chris Pratt, um cristão que frequenta uma igreja em Hollywood, respondeu a críticas da atriz lésbica Ellen Page por frequentar uma igreja "vergonhosamente anti-LGBTQ". Procurando distanciar-se de onde quer que sua igreja se posicione sobre a ética sexual bíblica, ele disse o seguinte: "Minha fé é importante para mim, mas nenhuma igreja me define ou define a minha vida. [...] Meus valores definem quem eu sou".[5]

Infelizmente, essa abordagem — onde os valores pessoais prevalecem se entrarem em conflito com a posição da igreja — é muito comum. Essa abordagem rejeita o dom que uma igreja pode ser quando funciona como uma autoridade superior — e uma limitação graciosa — ao *eu* autônomo. Será que realmente achamos que "meus valores" são uma fonte de verdade mais confiável do que o ensino da igreja que tem sido consistente por séculos? Se o fizermos, transformaremos a igreja em uma mercadoria de consumo que existe apenas para servir a nossos interesses em nossos termos.

A realidade é que a igreja é uma fonte de verdade precisamente porque *não existe* para servir aos nossos interesses em nossos termos. Ela *não existe* para concordar com ideologias populares, afirmar a "autenticidade" de todos e mudar de forma para evitar ferir os sentimentos de ninguém. A igreja existe para glorificar a Deus fazendo discípulos fiéis e santos de Jesus. Sendo assim, aceitar a simplicidade disso e comprometer-se alegremente com isso fornece um foco libertador em uma era sem limites.

---

[5] FRANCE, Lisa Respers. "Chris Pratt responds to Ellen Page's claim his church is anti-LGBT", *CNN*, 12 de fevereiro de 2019. Disponível em: https://edition.cnn.com/2019/02/12/entertainment/chris-pratt-ellen-page-church/index.html.

A SABEDORIA DA COMUNIDADE ENCARNADA EM UMA ERA VOLÁTIL

Uma das maiores fontes de insensatez no mundo de hoje é que estamos cada vez mais vivendo uma vida desencarnada no espaço etéreo — puxados para todos os lados e firmados em lugar nenhum. As redes sociais são um chicote de atenção. Em um minuto, somos atraídos para um drama acontecendo em Washington, D.C. No minuto seguinte, vemos a foto de um amigo de Fiji, seguida por uma manchete sobre agitação política em Hong Kong, e assim por diante. Saltamos de "lugar" para "lugar" sem realmente estar em lugar nenhum, muito menos no lugar real que habitamos. Perdidos em intermináveis queixas no Twitter e nas controvérsias insípidas que alimentam a vida na internet, negligenciamos a população local e questões tangíveis em nosso próprio quintal.

Na era digital, temos a ilusão de "conexão" com nossos muitos seguidores de rede social, mas somos solitários e desconhecidos por trás de todos os filtros manipuladores e camadas de fachada. Nos sentimos envolvidos em causas e problemas, mas os limites de nosso ativismo de *hashtag* apenas nos deixam frustrados. A exposição constante aos problemas "lá fora" — por meio de redes sociais e sites de notícias mais voltados para más notícias do que boas — nos dá uma imagem apocalíptica da escuridão do mundo, deixando-nos com raiva e deprimidos.

Por toda a história humana anterior ao surgimento de meios de comunicação de massa, cerca de um século atrás, os humanos se preocupavam com os problemas mais próximos a eles: primeiro em sua família nuclear/casa/fazenda; depois, em sua aldeia ou comunidade maior; e somente então (talvez) em sua região ou nação. Isso geralmente era o máximo, e era bastante pesado. Hoje, parece que passamos menos tempo nas comunidades tangíveis mais próximas de nós — as pessoas com quem realmente moramos e os problemas que podemos realmente ajudar a resolver — do que nas manchetes intangíveis e controversas do outro lado do mundo. Nosso foco inflado na *conscientização* global esgota nossa capacidade de *ação* local. É claro que é valioso estar ciente das questões mundiais *até certo ponto*, mas há sabedoria em abraçar o foco e os limites do localismo.

É por isso que uma igreja local pode ser um antídoto para nossa dor desencarnada. Ela nos fundamenta na realidade geográfica tangível e nos lembra de que somos pessoas encarnadas, não apenas cérebros em palitos. Fomos feitos para uma conexão física com pessoas em lugares reais, não apenas para uma conexão informacional por meio da mediação de telas. Em um mundo solitário e desencarnado, a igreja oferece uma bela alternativa: uma comunidade encarnada onde os filtros manipuladores da vida online desaparecem e você pode ser conhecido de um modo mais verdadeiro, com verrugas e tudo. É um lugar onde nossas lutas e fraquezas são mais difíceis de esconder; um lugar onde a cura — emocional, espiritual, física — pode acontecer. É um lugar onde você pode fazer coisas físicas juntos: cantar, ficar em pé, sentar-se, ajoelhar-se, abraçar, ter apertos de mão desajeitados, até mesmo *comer e beber* os elementos da Ceia do Senhor.

É significativo que Jesus tenha nos dado uma *refeição* como o rito central da lembrança cristã. Ele poderia simplesmente ter dito a seus discípulos: "Lembrem-se da *ideia* de quem eu sou. Lembrem-se desses *conceitos* teológicos sobre mim na mente de vocês". Em vez disso, ele lhes disse para *"fazer isso* em memória de mim" (1Co 11.24) enquanto partia o pão de verdade e servia o vinho de verdade. Tome, coma. Tome, beba. Ações físicas. Jesus não quer apenas um relacionamento conosco em nível de pensamento. Ele quer que nos comuniquemos com ele, e uns com os outros, como *seres encarnados.* Ele veio como uma pessoa encarnada, de carne e osso, que andou, conversou e comeu conosco. Deus poderia ter nos enviado uma apresentação em PowerPoint com cinco ideias para crermos a fim de sermos salvos, mas, em vez disso, ele enviou uma pessoa. Deus em carne, nossa esperança divina.

Uma igreja física em carne e osso pode ser um refúgio para nós, fantasmas digitais. Por mais desconfortável que seja ir à igreja com algumas centenas de pessoas estranhas, fedorentas, que não são como eu, cujos abraços e apertos de mão são muitas vezes desajeitados, a experiência corpórea da igreja pode ser uma enorme fonte de verdade e esperança em uma era digital solitária.

A SABEDORIA DA CONTINUIDADE EM UMA ERA DE CONSTANTE MUDANÇA

Vivemos em uma era de constante novidade. Como vimos no capítulo 2, nossos *feeds* digitais filtram a realidade para nós em pequenas rajadas do *que está acontecendo agora:* manchetes de notícias de última hora, vídeos populares, o meme mais recente. Mas tudo isso é passageiro e descartável. O passado e o futuro estão fora da vista e da mente. Não é uma receita para a sabedoria. É uma receita para chicotadas, pois somos jogados de um lado para o outro entre a filosofia, moda ou mania mais recente (e quase instantaneamente desatualizada). É uma receita para fragmentação e desconexão, pois vivemos desvinculados da tradição e da história, suscetíveis a qualquer discurso que ouvimos a qualquer momento.

Uma das belas coisas de se fazer parte de uma igreja — e uma das suas maiores dádivas para nossa geração — é que ela nos fundamenta em uma história maior — uma que nos precede e existirá depois de nós, onde o passado e o futuro importam tanto quanto o presente (ou mais). Em um mundo presentista, onde a sabedoria é reduzida aos limites estreitos da *relevância imediata*, a igreja amplia os horizontes. Ela se baseia na sabedoria e na verdade de milhares de anos atrás e fala para realidades que existirão daqui a milhões de anos. Ela nos situa dentro de uma história que atravessa culturas e fronteiras e transcende o tempo e o espaço. Ela convida os refugiados de um mundo implacavelmente instável a refugiar-se nas práticas e na sabedoria filtrada pelo tempo de dois milênios de tradição cristã.

A herança cristã é um tesouro de verdades testadas pelo tempo que faríamos bem em explorar. Há uma grande nuvem de testemunhas que vieram antes de nós e lutaram com muitas das perguntas e provações que enfrentamos hoje. É importante que os cristãos contemporâneos evitem o esnobismo cronológico, tomando nossos problemas e percepções como sendo únicos ou novos. Para nos protegermos disso, devemos nos familiarizar com nossa família da fé ao longo do tempo, extraindo e edificando sobre sua sabedoria. Devemos ler a teologia de João Crisóstomo e João Calvino, Agostinho e Atanásio. Devemos ler biografias de fiéis seguidores de Cristo de épocas passadas: Martinho Lutero, William Tyndale, William Wilberforce, Phillis Wheatley, Harriet Tubman, Hannah More, Padre

Damien, Elisabeth Elliot, Charles Spurgeon, Susanna Wesley e muitos outros.

Em última análise, o valor da continuidade na história da igreja é que ela nos liberta do fardo de perseguir a relevância. Cada geração não precisa reinventar a roda. Simplesmente precisamos conhecer nossa história e nos colocar dentro dela, entendendo que a força da igreja é a continuidade, e não a reinvenção constante; a transcendência, e não a moda. Precisamos que as igrejas se preocupem menos em estar "atualizadas" e mais em estar conectadas ao atemporal. Precisamos de igrejas que sejam moldadas pelo evangelho mais do que pelo *zeitgeist*.

Na melhor das hipóteses, a igreja nos tira da incerteza do efêmero e nos coloca na certeza do eterno. Ela nos lembra de nosso destino e coloca as últimas obsessões das redes sociais em perspectiva. Tudo que já foi tuitado e os vídeos virais mais vistos serão esquecidos como cinzas nas brasas da história, mas a igreja permanecerá.

É por isso que ela é um alimento básico de qualquer dieta de sabedoria.

QUESTÕES PARA DISCUSSÃO

1. Se temos a Bíblia — e ela é uma fonte infalível de verdade —, então, por que também precisamos da igreja? Que papel uma igreja local e a tradição da igreja desempenham em termos de nossa sabedoria adquirida nas Escrituras?

2. Por que a oração é tão importante como hábito para obtermos sabedoria?

3. O que você diria a alguém que questiona a lógica da igreja como a segunda fonte mais importante para uma dieta de sabedoria? Quais dos argumentos neste capítulo você acha que seriam mais convincentes para um cético em relação à igreja?

CAPÍTULO 6

NATUREZA

Pela sabedoria, o Senhor fundou a terra; pelo
entendimento estabeleceu o céu. Pelo seu conhecimento,
os abismos se abrem, e as nuvens destilam o orvalho.
Provérbios 3.19-20

A NATUREZA PODE SER INFLEXÍVEL. O clima não aceita "fatos alternativos." Ou está nevando ou não está. Uma inundação, uma seca ou um furacão são um bom lembrete de que o comportamento imprevisível da natureza não pode ser evitado ou manipulado.

Moro no sul da Califórnia, onde casas climatizadas nos dão certo domínio sobre as temperaturas altas de verão ou as tempestades de rios atmosféricos no inverno. No entanto, não podemos escapar completamente da natureza. Um deslizamento de terra arrasta partes da Rodovia 1, tornando-a intransitável. Os ventos de Santa Ana soprarão, fazendo-nos tossir o ar que "tem gosto de cigarro apagado," como diz (com razão) a poetisa Dana Gioia.[1] Meses sem chuva branqueiam a paisagem de Sonora,

---

[1] Gioia, Dana. "In Chandler country" (1986). In: *Poetry foundation*. Disponível em: https://www.poetryfoundation.org/poems/46412/ in--chandler-country.

tornando-a propícia para os incêndios de outono. O clima não pede nossa opinião.

A natureza nos lembra de que existe um mundo maior do que aquele que criamos.

Há alguns anos, vi uma manchete no *Los Angeles Times* que resume bem isso: "Podemos viver em uma era de pós-verdade, mas a natureza não".[2] Talvez essa seja uma das razões pelas quais sempre amei a natureza — a bela e aterrorizante criação de Deus. Ela é o que é, não o que queremos que seja. Em um mundo onde o homem pensa que é a medida de todas as coisas, a natureza diz o contrário. A natureza *entrega* sanidade em um mundo insano e está lá para sustentar nossa vida, para ser desfrutada, mas também para nos desafiar, nos colocar em nosso lugar e nos transmitir sabedoria — se estivermos dispostos a ouvir.

POR QUE A NATUREZA É UMA FONTE DE SABEDORIA?

Por que olhar para a natureza em busca de sabedoria? Bem, se é verdade que nos tornamos mais sábios conhecendo mais a Deus, segue-se que podemos saber mais sobre Deus, em parte, observando sua criação — assim como você pode saber coisas sobre Vincent van Gogh examinando suas pinturas ou algo sobre Martin Scorsese assistindo a seus filmes.

Contudo, temos as Escrituras. Isso não é suficiente? É verdade que as Escrituras são nossa suprema e única fonte infalível

---

[2] BARNETT, Cynthia. "Op-ed: we may live in a post-truth era, but nature does not", *Los Angeles Times*, 10 de fevereiro de 2017. Disponível em: https://www.latimes.com/opinion/op-ed/la-oe-barnett-nature-alternative-facts-20170210-story.html.

de conhecimento de Deus. Mas eis a questão: a *própria* Escritura nos diz que a sabedoria pode ser encontrada na criação de Deus. Em Provérbios 8, a "sabedoria" personificada diz que ela estava presente com Deus antes e durante a criação do mundo. "Quando ele preparava os céus, lá estava eu", diz a sabedoria (v. 27). "Quando traçava os fundamentos da terra, eu estava ao seu lado como arquiteto" (v. 29-30). O mundo foi criado, literalmente, com sabedoria. Como disse um escritor: "Deus programou o mundo com sabedoria. Para usar uma analogia com o computador, a sabedoria é o sistema operacional do universo".[3]

Em outra parte das Escrituras, vemos que a sabedoria pode ser encontrada observando de perto a obra de Deus: "Preguiçoso, vai ter com a formiga, observa os seus caminhos e sê sábio" (Pv 6.6); "Mas, agora, pergunta aos animais, e eles te ensinarão; pergunta às aves do céu, e elas te mostrarão; ou fala com a terra, e ela te ensinará; até os peixes do mar te declararão" (Jó 12.7-8). Salomão "era mais sábio do que qualquer homem" (1Rs 4.31) e parte disso incluía amplo conhecimento do mundo natural: "Ele dissertou a respeito das plantas, desde o cedro do Líbano até o hissopo que brota da parede. Também dissertou sobre os animais, as aves, os répteis e os peixes" (1Rs 4.33).

Certamente, a natureza como comunicadora da verdade e da sabedoria é sempre imperfeita e indireta. É uma ondulação, um resíduo, um "primeiro esboço" da glória maior que nos espera, como diz C. S. Lewis: "A natureza é apenas a imagem, o

---

[3]EVANS, Mark. "Three components of wisdom", *The Gospel Coalition*, edição do Canadá, 13 de junho de 2018. Disponível em: https://ca.thegospelcoalition.org/article/three-components-of-wisdom/.

símbolo; mas é o símbolo que a Escritura me convida a usar. Somos convocados a passar pela natureza, para além dela, em direção daquele esplendor que ela reflete de forma irregular".[4] A glória da natureza não é um fim em si mesmo. Não é um deus para adorar. É um prisma e amplificador da glória de *Deus*. É um teatro, uma tela, uma catedral, mas Deus está sempre no centro do palco.

O SEGUNDO LIVRO

João Calvino descreveu a criação como uma "grande e esplêndida mansão maravilhosamente construída e primorosamente mobiliada" e tudo nela aponta para o construtor.[5] A própria Escritura fala nesses termos. "Os céus proclamam a glória de Deus, e o firmamento anuncia as obras das suas mãos." (Sl 19.1). "Pois os seus atributos invisíveis, seu eterno poder e divindade, são vistos claramente desde a criação do mundo e percebidos mediante as coisas criadas" (Rm 1.20). E as Escrituras não nos *dizem* apenas que a criação comunica sabedoria. Elas nos *mostram*. A Bíblia está repleta de imagens da natureza, metáforas e parábolas que extraem verdades do mundo criado. O próprio Jesus constantemente direciona seus ouvintes para a sabedoria da criação, seja para "olhar os corvos" (Lc

---

[4]LEWIS, C. S. "The weight of glory." In: *The weight of glory and other addresses* (New York: Macmillan, 1949), p. 44 [Edição em português: *O peso da glória* (Rio de Janeiro: Thomas Nelson Brasil, 2017)].

[5]CALVINO, João. *Institutes of the Christian Religion*, 1.14 (Peabody: Hendrickson Publishers, 2008), p. 101 [Edição em português: *A instituição da religião cristã* (São Paulo: Unesp, 2008)].

12.24), ou os lírios (Lc 12.27), ou ovelhas, lobos, serpentes e pombas (Mt 10.16).

Novamente, a Bíblia é nossa fonte primária e perfeita da comunicação divina. Ela é o livro mais importante. Porém, a criação é um "segundo livro". Agostinho descreve este "grande livro" dizendo: "Olhe acima de você! Olhe para baixo! Anote. Leia-o. Deus, a quem você quer conhecer, nunca escreveu esse livro com tinta. Em vez disso, ele colocou diante de seus olhos as coisas que ele fez. Quem poderia pedir por uma voz mais alta do que isso?"[6]

Os "dois livros" — a revelação especial das Escrituras e a revelação geral da natureza — não precisam estar em competição. Podemos e devemos afirmar o *sola Scriptura*, "mas este princípio não nos proíbe de buscar o conhecimento de Deus a partir da criação," escreve John Frame, particularmente porque "a própria Bíblia fala da revelação natural e apresenta esse conhecimento natural como um tipo de pré-requisito ou prolegômeno para preservar o conhecimento".[7]

Paulo reconhece isso quando prega aos pagãos. Antes de compartilhar o evangelho específico de Jesus Cristo, ele fala sobre o "Deus vivo, que fez o céu, a terra, o mar e tudo que há neles," que "não deixou de dar testemunho de si mesmo, fazendo o bem, dando-vos chuvas do céu e estações frutíferas" (At 14.15,17). No Areópago de Atenas, Paulo descreve o "Deus

---

[6]Agostinho apud Bourke, Vernon. *The essential Augustine* (New American Library, 1964), p. 123.

[7]Frame, John. *Nature's case for God* (Bellingham: Lexham Press, 2018), p. 4, 7.

que fez o mundo e tudo o que nele há" (At 17.24), que criou os seres humanos "para que buscassem a Deus e, mesmo tateando, pudessem encontrá-lo" (v. 27). Paulo começa aqui porque ele sabe que você não pode viver neste mundo, olhar para o pôr do sol, observar a genialidade das estações e do clima, sem sentir intuitivamente um Criador.

Deus graciosamente *inicia* uma conversa conosco, revelando-se a nós quando não precisava. Que dádiva! Ele não apenas nos dá um livro literal que podemos ler e pregar; mas também um livro que podemos ver, ouvir, cheirar, tocar e saborear — um livro que corre por nossas mãos como a areia quente, vem sobre nós como uma cachoeira fria na montanha, escorre por nossa boca como um suco de pêssego. Tudo isso carrega sua marca.

A natureza é uma grande e bela sinfonia que está sempre tocando, basta que tiremos nossos fones de ouvido por um instante para ouvir.

O QUE A CRIAÇÃO FALA SOBRE DEUS

Se ouvirmos as declarações da natureza, o que vamos ouvir? Se a natureza revela a verdade porque revela aspectos de Deus, quais são esses aspectos? Pode-se escrever um livro inteiro apenas sobre essa questão. Para começar, considere esta passagem de Jonathan Edwards:

> A leveza e a naturalidade das árvores e das videiras são sombras de sua beleza e sua amabilidade. Os rios cristalinos e os córregos murmurantes são os passos de seu favor, de sua graça e de sua beleza. Quando contemplamos a luz e o brilho do sol, as

bordas douradas de uma nuvem vespertina ou o belo arco-íris, contemplamos os prenúncios de sua glória e bondade; e no céu azul, sua brandura e gentileza.[8]

Há muitas maneiras pelas quais a natureza revela os gloriosos atributos de Deus. Mesmo no presente estado decaído da criação, que anseia e geme por redenção (Rm 8.19-23), temos um antegosto da bela visão de Isaías: "Santo, santo, santo é o Senhor dos Exércitos; toda a terra está cheia da sua glória." (Is 6.3). Reginald Heber dá sua contribuição no hino "Santo, Santo, Santo": "Tuas obras louvam teu nome com fervor".[9] *Todas* as tuas obras. A terra *inteira*. Do Monte Everest às Cataratas do Iguaçu, dos pântanos de Bayou à tundra siberiana, e todos os riachos, vales e planícies entre eles: tudo está "carregado da grandeza de Deus".[10]

A pura diversidade, e ainda a unidade, da criação revela algo sobre a unicidade e a pluralidade do Deus trino. O mundo natural é vasto e complexo e, no entanto, tudo é intrincadamente moldado e encaixado. O salmo 104 é uma celebração épica da grandeza de Deus revelada na diversidade da natureza: água, vento, fogo, montanhas, vales, fontes, cedros, jumentos selvagens, texugos, leões, cabras selvagens, a lua, o sol, e até mesmo

---

[8]EDWARDS, Jonathan. "Covenant of redemption: excellency of Christ." In: *Jonathan Edwards: Representative selections* (New York: Hill and Wang, 1962), p. 373-4.

[9]HEBER, Reginald. "Santo, Santo, Santo," 1828.

[10]HOPKINS, Gerard Manley. "God's Grandeur", *Poetry foundation*, 9 de abril de 2020. Disponível em: https://www.poetryfoundation.org/poems/44395/gods-grandeur.

uma criatura marinha chamada "Leviatã". O versículo 24 resume: "Ó Senhor, que variedade há nas tuas obras! Fizeste todas com sabedoria; a terra está cheia das tuas riquezas".

A criação também fala da *grandeza* de Deus e nos dá um senso saudável de perspectiva. Mesmo pessoas não religiosas sentem isso quando estão diante do *El Capitan* em Yosemite ou na base da geleira *Perito Moreno* na Patagônia. Sentimos isso especialmente quando olhamos para as vastas extensões do espaço. Lembro-me de me deitar de costas em um campo quando criança no acampamento de verão em Lake Geneva, Wisconsin, olhando para as estrelas e sentindo a grandeza majestosa de Deus. Como sou pequeno! Mas também me maravilhei com o *amor* de Deus — que esse Deus criador de estrelas também me criou, para conhecê-lo e sentir seu amor enquanto eu estava deitado na grama macia e úmida de Wisconsin.

Esta é uma verdade que a natureza fala: Deus é glorioso *e amoroso*. "Não sendo limitado por nenhuma necessidade interior ou sede de se completar, o Deus trino criou a maravilhosa partícula de poeira e água na qual habitamos junto com bilhões de galáxias por puro amor a ela — e a nós", escreve Michael Horton. "Amor e glória tornam-se praticamente indistinguíveis como a motivação e o fim derradeiro do ato criador de Deus. A glória de Deus é o seu amor e o seu amor é a sua glória".[11]

O glorioso amor de Deus é revelado a nós, em parte, na beleza extravagante do mundo criado. Deus não precisava criar mais de 300 espécies de beija-flores e 30 mil espécies de orquí-

---

[11]HORTON, Michael. *Rediscovering the Holy Spirit* (Grand Rapids: Zondervan, 2017), p. 48.

deas. Ele não precisava criar o grão de cacau e a cana-de-açúcar, e humanos com a criatividade para fazer chocolate. No entanto, ele criou. Que Deus graciosamente amoroso! "Todo o universo material fala do amor de Deus, sua afeição sem limites por nós," escreve o Papa Francisco. "Solo, água, montanhas: tudo é, por assim dizer, um carinho de Deus".[12] Esse "carinho" existe para ser sentido, quer você esteja cuidando do seu jardim, quer esteja passeando por um litoral rochoso. É o conforto de um Deus que criou este mundo para que o habitássemos e o cultivássemos, para que conhecêssemos e fôssemos conhecidos por dentro. É "a paz das coisas selvagens," como Wendell Berry poderia dizer.[13]

Certamente, a criação nem sempre é uma fonte de paz. Vemos seu lado sombrio na devastação de furacões, terremotos, fomes, pandemias e outras calamidades; nós sentimos a dor da criação caída quando atendemos ao funeral de um bebê ou assistimos a um ente querido se deteriorar por causa de um câncer. Gememos por restauração, pelo futuro da nova criação, onde leões, cordeiros, lobos, leopardos, cobras e bebês coexistirão pacificamente e toda a terra estará "cheia do conhecimento do Senhor" (Is 11.6-9). Contudo, mesmo quando a natureza é feia, a beleza do poder de Deus e a promessa de renovação estão à mostra. O solo carbonizado das florestas queimadas cria um

---

[12]FRANCISCO, Papa. *Encyclical on climate change & inequality: on care for our common home* (Brooklyn: Melville House, 2015), p. 53.

[13]O poema de Wendell Berry "The peace of wild things" é um dos meus favoritos em um gênero — poemas da natureza — que é cheio de obras primas.

solo rico em nutrientes, pronto para renascimento. A poda de galhos mortos e a queda de folhas mortas preparam o caminho para novos brotos de vida. Em toda a natureza, esses ciclos declaram a glória de um Salvador que vence a morte e renova todas as coisas.

A SANIDADE DA NATUREZA EM UM MUNDO INSANO

Infelizmente, em vez de nos valermos da sabedoria, conforto e sanidade do "segundo livro" de Deus, muitos de nós estamos passando mais tempo em selvas de concreto e mundos virtuais mediados por telas. Naturalmente, isso está nos enlouquecendo. Quanto mais estamos desconectados do mundo de Deus e fora de sincronia com seus ritmos naturais, mais somos propensos a não pensar em Deus, ou pensar que somos Deus (ao moldar a natureza à nossa vontade), separando-nos, assim, de nossa principal esperança de sabedoria e saúde. A urbanização e a digitalização do mundo estão acelerando o problema. Estamos ficando cada vez mais distantes "do coração pulsante das coisas", como disse um escritor, pois "experimentamos mais a vida de segunda mão do que de primeira, percorrendo fotos de experiências de outras pessoas" e vivendo de uma abstração para outra.[14]

Em seu livro, *Last Child in the Woods* [A última criança na floresta], Richard Louv cunha o termo "distúrbio de déficit de natureza" e descreve os efeitos negativos mentais, físicos e

---

[14]McKay, Brett e Kay. "A call for a new strenuous age", *The Art of Manliness*. Disponível em: https://www.artofmanliness.com/character/manly-lessons/call-new-strenuous-age/.

espirituais da "desnaturação" da infância. Ele denuncia a perda de "brincadeiras ao ar livre" para as crianças superprotegidas de hoje, que passam cada vez mais tempo em dispositivos do que explorando a natureza ao ar livre. No entanto, a natureza, escreve Louv, "oferece algo que a rua, o condomínio fechado ou o jogo de computador não pode oferecer". Oferece às crianças "um ambiente onde podem contemplar facilmente o infinito e a eternidade".[15]

Em *The nature fix: why nature makes us happier, healthier, and more creative* [Correção da natureza: por que ela nos faz mais felizes, mais saudáveis e mais criativos], Florence Williams cita estudos que mostram que a vida urbana está literalmente mudando nosso cérebro, aumentando nossas chances de esquizofrenia, ansiedade e transtornos de humor. Além disso, o excesso de estímulos digitais de hoje faz com que nosso cérebro fique sobrecarregado à medida que filtram e classificam o excesso. Estar na natureza, por outro lado, nos dá menos escolhas, permitindo que o sistema de atenção do cérebro funcione melhor em coisas de ordem superior, como pensamentos e reflexões profundos. Dois estudos sul-coreanos enviaram crianças viciadas em tecnologia em viagens a florestas e descobriram que elas voltaram com níveis de cortisol reduzidos e relataram sentir-se mais felizes e menos ansiosas.[16] A prova empírica do

---

[15]LOUV, Richard. *Last child in the woods* (Chapel Hill: Algonquin Books, 2005), p. 98.

[16]WILLIAMS, Florence. *The nature fix: why nature makes us happier, healthier, and more creative* (New York: W. W. Norton & Company, 2017), p. 81.

poder tranquilizante da natureza está levando países como Coreia e Japão a designar "florestas de cura", onde fantasmas digitais supermediados podem escapar das cidades, caminhar, respirar oxigênio e recalibrar. A tendência da "terapia de florestas" também está se espalhando nos Estados Unidos, onde alguns médicos estão escrevendo "receitas de natureza" e instruindo os pacientes a passar mais tempo ao ar livre.[17]

Por que isso acontece? Os pesquisadores estão tentando descobrir isso usando métodos empíricos, mas a realidade espiritual parece óbvia: nos sentimos mais em paz quando estamos na criação de Deus, porque também somos isto: a criação de Deus. Quando sentimos nossa *criação* mais diretamente (como fazemos na natureza, seja bufando em altitude ou suando em um campo úmido), naturalmente nos sentimos mais próximos de nosso Criador e, portanto, mais felizes. Estamos em nosso devido lugar.

HUMANOS SÃO PARTE DA NATUREZA

Uma das maneiras pelas quais a natureza pode se tornar uma fonte de *tolice* em vez de sabedoria é quando a elevamos a um plano superior ao da humanidade. É por isso que algumas pessoas que amam a natureza no mundo de hoje são incontestavelmente *insensatas*. Elas se esquecem de que a natureza inclui a *natureza* humana. Nós também somos criação de Deus, e em um sentido

---

[17]BROOKLYN, Cassandra. "Forget weed. Colorado's hottest trend is forest bathing", *The Daily Beast*, 2 de setembro de 2019. Disponível em: https://www.thedailybeast.com/forest-bathing-forget-weed-this-is-colorados-hot-mind-bending-trend.

mais profundo do que árvores, riachos, raposas e peixes. Somos criados à imagem de Deus (Gn 1.27), um pouco menores que os anjos e coroados de glória e honra (Sl 8.5). Isso não pode ser dito de outras criaturas que Deus fez, ou qualquer "criatura" que *nós* possamos fazer (por exemplo, robôs e IAs). Apenas os humanos carregam a imagem de Deus, e fomos "formados de modo tão admirável e maravilhoso" (Sl 139.14). Apenas os seres humanos têm *consciência* — a marca da sabedoria moral de Deus, e essa consciência "não vai parar de falar conosco, de nos acusar", escreve Frame. "Dentro de nós, ela defende Deus".[18] A consciência humana é uma fonte infalível de verdade? Não, porque estamos caídos e propensos a suprimi-la ou distorcê-la. Precisamos das Escrituras para *treinar*, despertar e aguçar nossa consciência. É por isso que a Bíblia vem em primeiro lugar na Pirâmide da Sabedoria, pois, sem ela, ouvir nossa consciência pode se tornar perigosamente nebuloso e subjetivo.

Uma das implicações de sermos não apenas *parte* da natureza, mas a "coroa" dela, é que faz pouco sentido apoiar a proteção de árvores e baleias, mas não de humanos. "É claramente incoerente combater o tráfico de espécies ameaçadas mantendo-se completamente indiferente ao tráfico de seres humanos, despreocupado com os pobres ou comprometendo-se a destruir outro ser humano considerado indesejado", escreve o Papa Francisco, que também observa que a preocupação com a proteção da natureza é "incompatível com a justificação do aborto".[19] Essa é a lógica

---

[18] FRAME, op. cit, p. 82.
[19] FRANCISCO, op. cit., p. 57, 75.

que até mesmo uma feminista progressista e pró escolha como Camille Paglia reconheceu. Em um notável artigo de 2016 sobre o aborto, Paglia escreve: "Um credo liberal que é variadamente antiguerra, antirracista, vegano e comprometido com a proteção ambiental de espécies ameaçadas de extinção, como o galo silvestre ou a coruja malhada, não deve negar tão estridentemente sua imaginação e compaixão ao nascituro".[20]

A SABEDORIA DO CORPO

Visto que os humanos são "formados de modo tão admirável e maravilhoso" por um engenhoso artesão (Sl 139.14), não deveria ser surpresa que nossa própria constituição física manifeste verdades abundantes. Certamente, a sabedoria do corpo pós-queda é imperfeita — é por isso que vários desejos e anomalias físicas não devem ser interpretados como "a maneira como as coisas deveriam ser". Ainda assim, nosso corpo físico, conforme moldados por Deus, é reservatório surpreendente de verdade se apenas o aceitarmos como tal.

Há sabedoria, por exemplo, em perceber o que o corpo *pode* fazer. A cada nova descoberta da ciência do cérebro, descobrimos novas maravilhas sobre esse órgão mais misterioso. Quanto mais sabemos sobre o DNA e genética, mais humildes devemos ficar com o milagre da nossa composição. Quando minha esposa

---

[20]PAGLIA, Camille. "Camille Paglia: feminists have abortion wrong, Trump and Hillary miscues highlight a frozen national debate", *Salon*, 7 de abril de 2016. Disponível em: https://www.salon.com/2016/04/07/camille_paglia_feminists_have_abortion_wrong_trump_and_hillary_miscues_highlight_a_frozen_national_debate.

estava grávida, fiquei impressionado ao ver os ajustes naturais de seu corpo. Vários hormônios foram liberados tanto para suprir necessidades físicas (a produção de leite, por exemplo) quanto emocionais (estimulando os instintos de cuidado); a estrutura óssea do corpo dela e as proporções físicas mudaram. À medida que a data do nascimento se aproximava, era surpreendente o que o corpo fazia. E nada disso aconteceu porque minha esposa *fez alguma coisa*. O corpo simplesmente sabia e fazia o que precisava para produzir uma nova vida.

No entanto, há também sabedoria em perceber o que o corpo *não pode* fazer. É um dom de Deus que ele nos fez com limitações. Precisamos dormir, por exemplo. Precisamos de comida e água para sobreviver. Não podemos estar em dois lugares ao mesmo tempo. A natureza muitas vezes nos dá um lembrete saudável de nossa fragilidade e pequenez. Uma corrente oceânica é mais forte do que nós; a mandíbula de um leão é mais poderosa do que nós; a gravidade também está aí. Estar na natureza é ser humilhado, ouvir a voz castigadora de Deus a Jó: "Onde estavas tu, quando eu lançava os fundamentos da terra?" (Jó 38.4). É saber em um nível corporal que Deus é Deus, e nós não somos.

Esta é uma das lições mais importantes da natureza — nós somos *criaturas,* e não o Criador. Nosso corpo e o mundo natural não são apenas brinquedos para manipular e modificar de acordo com nossas vontades; são presentes a serem aceitos, respeitados e cuidadosamente administrados. E, no entanto, esta é uma lição que poucos consideram hoje. Eles assumem uma autonomia que nega nossa condição de criatura. É o cúmulo da contradição que vastos segmentos da população pró-ambiente — que corretamente reconhecem as desvantagens de vegetais geneticamente modificados, fertilizantes químicos inorgânicos, e assim por diante — também defendem a manipulação química e cirúrgica que permite aos humanos "modificar" seus hormônios e órgãos sexuais. Certamente, se "orgânico" é melhor em morangos e couve, também é melhor em humanos.

A dádiva da natureza deve ser bem-vinda e respeitada *em todos os aspectos*, não apenas quando convém à nossa política. Mais uma vez, mesmo Paglia — por mais libertária que seja em sexualidade e gênero — reconhece a inconsistência dos progressistas que apelam para a biologia em algo como o aquecimento global, mas "fogem de todas as referências à biologia quando se trata de gênero". Ela escreve:

> A fria verdade biológica é que as mudanças de sexo são impossíveis. Cada célula do corpo humano (exceto o sangue) permanece codificada com o gênero de nascimento da pessoa por toda a vida. Ambiguidades intersexuais podem ocorrer, mas são anomalias de desenvolvimento que representam uma pequena proporção de todos os nascimentos humanos.[21]

Os progressistas falham em ver que não podem rejeitar a dádiva orgânica do corpo sobre o sexo e gênero, e, então, exigir que todos respeitem e protejam a dádiva orgânica dos oceanos, das florestas e de outros ecossistemas. Qualquer ecologia humana genuína, escreve o Papa Francisco, inclui "aprender a aceitar nosso

---

[21]Ibidem., "Feminism and transgenderism." In: *Provocations* (New York: Pantheon Books, 2018), p. 197-8.

corpo, cuidar dele e respeitar seu significado mais pleno", que inclui sua feminilidade ou masculinidade.[22]

Deus nos criou sexualmente diferentes, macho e fêmea (Gn 1.2), por uma razão. Vemos isso quando olhamos para nosso corpo diferente um do outro, quando reconhecemos que somente em suas diferenças uma nova vida pode ser feita. Porém, a beleza dos pares complementares também está ao nosso redor na natureza — dia e noite, chão e céu, terra e mar — se tivermos olhos para ver. O filósofo Peter Kreeft, por exemplo, diz isso sobre a interseção da rocha ("uma das coisas mais masculinas do mundo") e do mar ("uma das coisas mais femininas do mundo"):

> Eles são profundamente satisfatórios juntos, e não podemos analisar por que temos essa satisfação, paz e um senso de retidão. [...] A costa é o lugar mais popular no mundo. A propriedade à beira-mar é a propriedade mais cara do mundo. Porque é lá que o mar e a terra se encontram. É aí que o homem e a mulher se encontram. A terra sem mar é meio chata e deserta. O mar sem a terra é uma mesmice. Quando vamos desembarcar do navio? No entanto, o lugar onde eles se encontram é o que chama a atenção. E é lá onde queremos estar.[23]

A nível biológico, o macho não é mais intercambiável com a fêmea do que a água é intercambiável com a rocha, ou a noite é

---

[22]FRANCISCO, op. cit., p. 95-96.

[23]As citações de Peter Kreeft são de Humanum, "Episode 3: Understanding man & woman", Youtube, 2021. Disponível em: https://youtu.be/ TU6ITOi3EtM.

intercambiável com o dia. Por mais que tentemos, os humanos nunca serão capazes de criar uma nova vida sem o macho e a fêmea, assim como um campo de sementes nunca brotará se existir apenas poeira sem água. A complementaridade de gênero não é uma ameaça ou construção, mas — como as costas, as margens dos lagos e as trilhas dos rios que amamos — uma fonte irresistível de beleza e vida.[24]

A TOLICE DE NEGAR E DESTRUIR A CRIAÇÃO

Nos Estados Unidos de hoje, os liberais acusam os conservadores de *destruir* a criação. Os conservadores acusam os liberais de *negarem* a criação, mas a realidade é que *tanto* negar *quanto* destruir a criação são uma completa loucura.

Paulo deixa claro em Romanos 1.18-32 que é tolice negar a revelação natural de Deus na criação. "Dizendo-se sábios, tornaram-se loucos" (v. 22), diz Paulo em referência às pessoas que sabem que Deus é real, mas não o honram nem lhe dão graças (v. 21), trocando a verdade sobre Deus por uma mentira e adorando a criatura ao invés do Criador (v. 25). É significativo que a ilustração de Paulo sobre isso seja o comportamento homossexual, pois poucas coisas mostram a rejeição da ordem criada por Deus mais vividamente do que homens ou mulheres "[substituindo] as relações sexuais naturais [com o sexo oposto]" por relações com o mesmo sexo o "que é contrário à natureza" (v. 26). Essa rejeição da revelação natural de Deus é especialmente notória porque, ao rejeitar o projeto

---

[24]Algumas coisas desta seção foram tiradas de um artigo do meu *blog*, "Where water meets rock," 14 de julho de 2017. Disponível em: https://www.brettmccracken.com/blog/2017/7/13 /where-water-meets-rock.

masculino-feminino como sendo "uma só carne no casamento" para a sexualidade, estamos rejeitando um aspecto da criação de Deus que Paulo diz ser um profundo reflexo do relacionamento de Cristo com a igreja (Ef 5.31-32).

Negar a boa dádiva da criação é loucura, mas destruí-la também é. Dar pouca importância à poluição da criação natural de Deus e aos preciosos humanos portadores da imagem de Deus que estão nela é zombar de Deus e rejeitar a beleza e a sabedoria do que ele fez. Os cristãos devem ver que nossa apatia pela degradação da criação contribui para o estilo de confusão moral de Romanos 1, que surge quando as verdades que a natureza fala são abafadas ou danificadas. Concordo com Gavin Ortlund quando ele diz: "Os cristãos devem ser os melhores ambientalistas do planeta"[25], em parte porque sabemos o quanto pode dar errado quando a sinfonia da criação é silenciada. Adoro a forma como Tim Keller diz isso, comentando o salmo 19 ("os céus proclamam...", v. 1):

> A Bíblia diz que a criação está falando com você. As estrelas, a cachoeira, os animais, as árvores. Eles têm voz; eles estão falando sobre a glória de Deus. E é nosso trabalho como mordomos da criação, como mordomos da natureza, garantir que eles continuem falando e não deixar essa voz parar de existir.[26]

---

[25]ORTLUND, Gavin. "20 Reasons Why christians should care for the environment", *Soliloquium*, 8 de março de 2008. Disponível em: https://gavinortlund.com/2008/03/08/20-reasons-why-christians-should-care--for-the-environment/.

[26]KELLER, Timothy. "*Lord of the earth*". Sermão, Redeemer Presbyterian Church, New York, 10 de dezembro de 2000. Disponível em: https://youtu.be/BrbSET3IJS8.

É tolice fazer qualquer coisa — intencionalmente ou por negligência — que silencie a voz da criação, pois fazer isso significa desligar-nos de uma fonte importante de sabedoria, mas também de um lugar importante para a adoração. Como Francis Schaeffer escreve em *Poluição e a morte do homem*: "Se amo meu Amado, amo o que o meu Amado fez".[27]

Que possamos demonstrar nosso amor por Deus amando sua criação, apreciando-a e aprendendo com ela — tornando-nos sábios ao aceitarmos com gratidão que todas as coisas criadas dão glória ao Criador. Que possamos unir nossa voz com as estrelas, céus, vagalumes e tudo mais. "Vós criaturas de Deus Pai, todos erguei a voz, cantai! Oh! Louvai-o! Aleluia!"[28]

QUESTÕES PARA DISCUSSÃO

1. Pense em um exemplo específico de algo que você encontrou ou observou na natureza e tenha iluminado um aspecto de Deus ou da teologia. Como o "trabalho manual" da criação de Deus ajudou você a entender melhor o Criador artístico?

2. De que forma a desconexão com a natureza — vivendo mais em nossa cabeça e em nossos computadores do que no mundo físico tangível — nos leva à loucura e à confusão?

---

[27]SCHAEFFER, Francis. *Pollution and the death of man* (Wheaton: Tyndale, 1970), p. 91.

[28]ASSIS, Francisco de. "*All Creatures of Our God and King*", 1225.

3. A ciência, como estudo da natureza, é importante para o cultivo da sabedoria. Por que, então, tantos cristãos são céticos com relação à ciência? Por que a ciência e a fé muitas vezes foram colocadas uma contra a outra?

CAPÍTULO 7

LIVROS

A glória de Deus é encobrir as coisas;

mas a glória dos reis é examiná-las.

PROVÉRBIOS 25.2

O FUNDAMENTO PARA A SABEDORIA é o livro dos livros, a Bíblia. Outra fonte poderosa de sabedoria, como vimos no capítulo anterior, é o "livro" da natureza — a revelação geral de Deus por meio de sua criação. Esses "dois livros" são importantes fontes de verdade, porque seu autor é o próprio Deus. Todos os outros livros são feitos pelo homem e, por mais brilhantes que sejam, são fontes imperfeitas e menores da verdade. Contudo, isso não os torna irrelevantes.

Pelo contrário, os livros são vitais para cultivar a sabedoria — não apenas pelas verdades que contêm, mas também pela maneira como nos ajudam a *pensar*. Em nossa era distraída, os livros nos dão perspectiva, foco e espaço para refletir. Ler livros — em grande variedade, de diferentes épocas, lugares e cosmovisões, tanto de ficção quanto de não ficção — mantém nosso anacronismo e egocentrismo sob controle.

Eles nos educam, nos ajudam a fazer conexões entre disciplinas e abrem o mundo para nós.

É claro que outras formas de cultura também fazem isso — música, teatro, cinema, artes visuais, poesia (veja o capítulo 8), mas a palavra escrita desempenha um papel especial na transmissão da sabedoria. Palavras e livros "possibilitam a precisão e nuances que imagens e músicas geralmente não possibilitam," escreve o professor de literatura Mark Edmundson. "Por meio de palavras, nos representamos para nós mesmos; fixamos a consciência de quem e o que somos. Então, podemos dar um passo para trás e ganhar distância sobre o que dissemos. Com essa perspectiva, vem a possibilidade de mudança".[1]

Quando eu era criança, meu pai lia livros para mim no colo. Quando aprendi a ler por conta própria, ele costumava levar minha irmã e eu à biblioteca pública *Broken arrow*, em Oklahoma. Ele nos inscrevia em programas de leitura de verão e dava prêmios para incentivar nosso progresso na leitura. As visitas às livrarias, que há muito tempo já fecharam, eram um prazer cotidiano. Fizemos alarde na Feira do Livro Escolar. Eu tinha prateleiras de livros do *Hardy boys* e a coleção inteira do *Cooper kids adventure* (basicamente um Indiana Jones para crianças evangélicas), de Frank Peretti. Mais tarde, formei-me com os romances de Goosebumps e John Grisham.

Esses livros, em particular, eram bastiões de verdade e sabedoria para mim? Provavelmente não. Porém, eles incutiram em mim um amor pela leitura que continua até hoje (minha pilha de livros para ler tem mais de doze títulos). Nem todo livro que leio é útil; certamente nem todos são sábios. Mas a maioria é, e

---

[1] EDMUNDSON, Mark. *Why read?* (New York: Bloomsbury, 2004), p. 135.

o bem cumulativo de ler livros é profundo. Aqui estão algumas razões para isso.

LIVROS NOS AJUDAM A CONECTAR

Os livros promovem uma conexão em pelo menos dois sentidos, uma vez que nos conectam com outras pessoas e também com outros pontos de vista. Eles são fontes extremamente importantes de empatia e síntese — duas coisas vitais para aumentar a sabedoria, mas em declínio na era frenética de hoje.

Quando lemos livros, estamos entrando no lugar do outro. Estamos entrando no mundo do autor, dando nossa atenção à perspectiva do autor por *um longo tempo*, e esta última parte é fundamental. É difícil desenvolver empatia quando você lê apenas um tuíte de alguém; mas uma imersão do tamanho de um livro no mundo de alguém cria oportunidades para a *compreensão*. O ato de ler um livro é literalmente o ato de ser "rápido para ouvir, tardio para falar". Na ficção literária, desenvolvemos empatia entrando na mente das personagens. Podemos amá-las ou odiá-las, mas, enquanto ouvimos e convivemos com eles por um tempo, podemos aprender com a particularidade de sua existência. Pesquisas mostram que a ficção literária ajuda especialmente os leitores a desenvolver empatia — uma melhor compreensão da complexidade do que os outros estão pensando e sentindo.[2] Ler romances nos lembra de "que é possível se

---

[2] CHIAET, Julianne. "Novel finding: reading literary fiction improves empathy", *Scientific American*, 4 de outubro de 2013. Disponível em: https://www.scientificamerican.com/article/novel-finding-reading-literary-fiction-improves-empathy/.

conectar com outra pessoa mesmo que ela seja muito diferente de você", como disse Barack Obama em entrevista a Marilynne Robinson.[3] É fácil descartar as perspectivas uns dos outros em um mundo de redes sociais hiper-rápidas. E, assim, com cada personagem de Graham Greene, Ernest Hemingway ou Toni Morrison que exploramos, reconhecemos que há tantas histórias humanas distintas quanto há estrelas no céu, e cada uma adiciona um brilho, cor e textura particulares à nossa constelação de sabedoria.

Entretanto, os livros também ajudam a *fazer conexões*, até porque uma constelação apenas se torna uma constelação depois de você conectar os pontos para revelar alguma forma significativa. Uma das melhores sensações ao ler um livro, seja um romance, um livro de memórias ou um tomo acadêmico, é o momento de epifania em que uma conexão toma forma. *Isso* se conecta com *aquilo*! Derradeiramente, as peças do quebra-cabeças revelam uma imagem mais inteligível que nos ajuda a entender esse mundo louco e complexo. Conforme lemos mais livros — e idealmente uma variedade de livros —, nossa compreensão de mundo é ao mesmo tempo complexa e esclarecida. Em uma página, temos momentos luminosos, dando um novo sentido a algumas coisas. Outra página desvenda o que pensávamos saber, levantando novas questões e nos enviando para novas explorações.

---

[3] OBAMA, Barack; ROBINSON, Marilynne. "President Obama & Marilynne Robinson: a conversation—II", *The New York Review of Books*, 19 de novembro de 2015. Disponível em: https://www.nybooks.com/articles/2015/11/19/president-obama-marilynne-robinson-conversation-2/.

Essa é a natureza do *aprendizado*, e quanto mais lemos, mais famintos ficamos por mais.

LIVROS SÃO JANELAS E PORTAS

Lemos para nos conectar, mas também para explorar. Mesmo que tecnicamente leiamos um livro sem nunca ir fisicamente a lugar nenhum, todos conhecemos a sensação de como um livro nos transporta para outros lugares e outros tempos. Adoro o fato do filme *Interestelar*, de Christopher Nolan, usar uma estante de livros como metáfora para a comunicação entre as dimensões do espaço e tempo. Os livros são máquinas do tempo, remetendo-nos à Revolução Francesa ou à Guerra Civil Americana, à Ítaca de Homero ou à Verona de Shakespeare. Os livros são o meio mais eficiente de viajar. Em Mark Twain, podemos viajar pelo Mississippi; em Rudyard Kipling, podemos explorar as selvas da Índia. Antes de visitar fisicamente o sul dos Estados Unidos, passeei por lá através das histórias de Harper Lee, Flannery O'Connor, Eudora Welty e outros. Podemos nunca visitar a Nigéria ou a Colômbia, mas ler romances de Chinua Achebe ou Gabriel García Márquez pode trazer aspectos desses lugares para nós.

Em *Um experimento em crítica literária*, C. S. Lewis fala sobre como cada um de nós naturalmente apenas vê o mundo de um ponto de vista, mas, ainda assim, queremos "ver com outros olhos, imaginar com outras imaginações, sentir com outros corações, como se fossem nossos".

Exigimos janelas. A literatura como *logos* é uma série de janelas, até mesmo de portas. Uma das coisas que sentimos depois de ler uma grande obra é "eu saí". Ou de outro ponto de vista, "eu entrei;" furei a casca de alguma outra mônada e descobri como é por dentro.[4]

Os livros ampliam nossos horizontes e corrigem nossas suposições, mostrando-nos outros contornos da verdade além da nossa experiência subjetiva ("rejeitando os fatos como são para nós em favor dos fatos como eles são em si", Lewis diz).[5] Eles também nos ajudam a escapar da solidão, pois ler livros é entrar em uma comunidade. A escritora Susan Sontag uma vez descreveu como, quando jovem, ela se deitava na cama e olhava para sua estante, que era "como olhar para meus cinquenta amigos".[6] Marilynne Robinson descreve sua coleção de livros de forma semelhante, como "minha nuvem de testemunhas da estranheza e esplendor da experiência humana, que me ajudaram a desfrutar dela mais profundamente".[7]

Os livros são portas abertas. Janelas para o mundo. Guarda-roupas para Nárnia. Quando criança, lendo *Robinson Crusoé*; *The Cay, island of the blue dolphins* [Cay, a ilha dos golfinhos azuis] e *The Swiss family Robinson* [A família suíça Robinson],

---

[4]LEWIS, C. S. An *Experiment in Criticism* (Cambridge: Cambridge University Press, 1961), p. 137-8. [Edição em português: *Um experimento em crítica literária* (Rio de Janeiro: Thomas Nelson Brasil, 2019)].

[5]Ibidem.

[6]SONTAG, Susan apud WASSERMAN, Steve. "Steve Wasserman on the Fate of Books after the Age of Print", *Truthdig*, 5 de março de 2010. Disponível em: https://www.truthdig.com/articles/steve-wasserman-on-the-fate-of-books-after-the-age-of-print/.

[7]ROBINSON, Marilynne. *When I was a child I read books* (New York: Farrar, Straus & Giroux, 2012), p. 23.

era delicioso me imaginar nessas aventuras pelo mar e em locais exóticos e tropicais (eu era um garoto do meio-oeste americano, sem litoral). Agora, vejo como esses livros ampliaram meu mundo, treinaram minha imaginação e atiçaram a curiosidade de maneiras indispensáveis ao meu desenvolvimento intelectual e espiritual. Sou quem sou hoje por causa desses livros infantis ostensivamente "escapistas". Quando escapamos não para evitar a realidade, mas para encontrá-la, não para entorpecer nossos sentidos, mas para animá-los, o escapismo é uma coisa boa. E no mundo sufocante, egocêntrico e que nega a realidade de hoje, os livros estão entre as melhores rotas de fuga que temos.

LIVROS NOS AJUDAM A PENSAR MELHOR

Há um crescente corpo de pesquisa que mostra as maneiras poderosas que a leitura de livros — uma leitura longa e imersiva em contraste com a leitura fragmentada e rápida que fazemos online — fortalece a capacidade do nosso cérebro de pensar bem. Em seu livro, *Reader, come home: the reading brain in a digital world* [Leitor, volte para casa: o cérebro leitor em um mundo digital], Maryanne Wolf explora essa pesquisa e argumenta que leitura profunda é um poderoso impulso para nosso cérebro em um momento em que eles estão cada vez mais enfraquecidos pela sobrecarga digital. "Aqueles que leem muito e bem terão muitos recursos para aplicar o que leram", escreve Wolf, enquanto aqueles que não leem terão "menos base de inferência, dedução e pensamento analógico", tornando-os "perfeitos para serem presas de informações não verificadas, sejam *fake news* ou invenções completas."[8]

---

[8] WOLF, Maryanne. *Reader, come home* (New York: Harper, 2018), p. 56.

Em um momento em que a abundância, a velocidade e a natureza da informação personalizada estão nos tornando cada vez mais propensos à desinformação e à insensatez doentia, a leitura de livros oferece um poderoso antídoto. Os livros enfrentam o problema do "excesso de informação" concentrando nossa atenção em uma coisa por um tempo mais longo e profundo. Eles confrontam o problema do "muito rápido" forçando-nos a sentar com a perspectiva de um escritor por tempo suficiente para realmente entendê-lo. Os livros também confrontam o problema de estarmos muito focados em nós mesmos, colocando-nos no lugar do outro.

Os livros nos dão uma base sólida em um momento em que tudo está em jogo. Eles oferecem rubricas para avaliar melhor a enxurrada de informações que enfrentamos no mundo de hoje. Em um mundo de *stories* e gravações curtas de áudio, os livros oferecem um contexto mais completo e, como escreve Andy Crouch, "em geral, quanto mais antigo o livro, mais profundo o contexto".[9] Edmundson diz que as pessoas que leem grandes obras "não serão excessivamente suscetíveis às últimas novidades da indústria cultural. Elas serão capazes de experimentá-las ou se afastar completamente — elas terão coisas melhores na mente".[10] Isso acontece porque a leitura de livros — e a educação em geral — treina nosso cérebro para lidar melhor com informações complexas, para refletir e avaliar em vez de apenas aceitar. Ler bem não é aceitar tudo o que o autor diz ao pé da letra. Em vez disso, é entender o argumento do autor da melhor forma possível,

---

[9]Crouch, Andy. "*On the news*," 2020. Disponível em: https:// andy-crouch.com/extras/on_the_news.

[10]EDMUNDSON, op. cit., p. 135-6.

aprender com ele, mas compará-lo com o resto de nosso conhecimento. Ler e aprender bem significa desenvolver a capacidade de enxergar as nuances de uma obra, arquivando o que é bom e descartando o que não é.

Contudo, a leitura não é meramente um ato defensivo. Para lermos e aprendermos bem, devemos também ser *ensináveis*, dispostos a baixar a guarda o suficiente para sermos impressionáveis (mas não ingênuos). Quando abrimos um livro, devemos estar prontos para sermos mudados, abertos para sermos convencidos e ansiosos para aprendermos algo que não sabíamos. Se você acha que sabe tudo, não achará utilidade para os livros; se você for humilde e curioso (fundamentos essenciais para uma vida de sabedoria), você os devorará. Não é coincidência que as pessoas mais sábias que conheço não sejam sabe-tudo, pois o que elas sabem com certeza é que *não* sabem tudo. Elas anseiam por ser ensinadas, esclarecidas e influenciadas.

Este é um aspecto chave, mas contracultural, da boa leitura. Afinal, vivemos em um mundo de "morte da expertise" (veja o capítulo 3). Nossa hermenêutica predominante é a suspeita. Ficamos mais confortáveis em nos proclamar especialistas do que ser influenciados por outros, por isso o discurso de hoje está em um impasse. Enfatizamos tanto a liberdade do "faça o que estiver em seu coração" que o conhecimento especializado, o consenso acadêmico e a lógica não importam mais. É o problema que os educadores enfrentam quando enfatizam tanto para os alunos "pensarem por si mesmos" que as próprias credenciais e a autoridade do professor para julgar as respostas certas e erradas perdem qualquer força.

Ler livros nos lembra que somos criaturas permeáveis, por natureza abertas à influência, e que é assim que crescemos. Cada livro que lemos nos lembra de que a realidade não é nossa para reinventá-la como quisermos. Fazemos parte da realidade, mas ela é muito maior do que nós. Nós não a criamos tanto quanto a observamos. É menos algo que escrevemos do que algo que lemos.

QUAIS LIVROS VOCÊ DEVERIA LER?

A essa altura, espero que você esteja convencido dos benefícios dos livros para adquirir sabedoria. Que tipo de livros devemos ler então? Se você for como eu, o problema da "sobrecarga de informações" também se estende aos livros. Há muito mais "leituras obrigatórias" do que eu jamais poderia ler. Minha pilha de cabeceira é uma precária mistura de torre de Jenga com Torre de Pisa. As redes sociais pioram a situação porque as pessoas cujo gosto admiro estão sempre recomendando livros. Por onde começo? O que devo priorizar?

Em certo sentido, ler qualquer livro é melhor do que nada. Então, vá a uma biblioteca (elas ainda existem!) ou a uma livraria (se é que pode encontrar uma), e apenas explore. Se algo chamar sua atenção, leia! Mas o que acontece quando sua lista de leituras se torna esmagadoramente longa? Vi-me tão pressionado pelo tamanho de minha pilha de livros que acabo fazendo leitura dinâmica de livros principalmente para ver se valem a pena. Essa é uma maneira terrível de ler. Assim como acontece com a maioria das coisas, a qualidade é mais importante do que a quantidade. Ler um grande livro de forma lenta e profunda é melhor para nossa dieta de sabedoria do que ler cinco livros em um ritmo alucinante. Seja mais inteligente sobre o que você escolhe para ler. Aqui estão algumas sugestões sobre como fazer melhores seleções.

1. Leia livros antigos

Esse é um bom lugar para começar. Na maioria dos casos, clássicos assim o são porque contêm a verdade que ressoou no tempo e no espaço. Muito do que lemos na internet (manchetes sensacionalistas, *trends* do Twitter, postagens de *blogs*) será esquecido em poucos dias. Muitos livros recém-lançados também desaparecerão rapidamente. No entanto, os livros antigos, os "grandes livros", sobreviveram porque sua sabedoria perdurou em um mundo transitório. Dada a escolha entre algo na lista atual de *best-sellers* ou algo na lista dos "maiores livros de todos os tempos", escolha algo da segunda lista.

Em seu prefácio para o livro *Sobre a encarnação*, de Atanásio (um grande livro antigo!), C. S. Lewis observa sabiamente que um novo livro "ainda está sob julgamento" e deve ser "testado contra o grande corpo de pensamento cristão ao longo dos tempos". Ele sugere uma regra que tentei seguir: leia um livro antigo para cada três livros novos. Lewis explica o raciocínio:

> Cada época tem sua própria perspectiva. Cada época é especialmente boa para ver certas verdades e especialmente propensa a cometer certos erros. Todos nós, portanto, precisamos de livros que corrijam os erros característicos de nosso próprio período. E isso significa ler livros antigos.[11]

Longe de relíquias obsoletas, os livros antigos costumam ser os *mais* relevantes para o nosso tempo, pois têm distância

---

[11]LEWIS, C. S. Prefácio ao livro *On the incarnation*, de Santo Atanásio, o grande de Alexandria (Yonkers: St Vladimir's Seminary Press, 2011), p. 10.

suficiente para falar com ousadia e clareza sobre nossa situação, sem pontos cegos e inflexões de viés que inibem nosso julgamento. "Uma determinada época provavelmente está infundida até o âmago com a opinião padrão predominante", argumenta Edmundson. "Uma maneira de romper com essa opinião predominante é recorrer ao melhor que se sabia e pensava no passado".[12]

2. Leia livros que te desafiem

Outra prioridade para uma dieta de leitura saudável é escolher livros que o desafiem. Leia fora da sua zona de conforto. Leia ficção quando preferir não ficção. Leia uma gama diversificada de gêneros. Leia livros de pessoas cujas vidas e perspectivas sejam diferentes das suas. Os cristãos devem ler livros escritos por não cristãos. Os democratas devem ler livros escritos por republicanos, e vice-versa. É tentador ler principalmente livros de pessoas que compartilham sua perspectiva. Eu certamente luto contra isso, porque é difícil ler livros que me deixam com raiva em quase todas as páginas, mas sei que posso colher grandes recompensas no cultivo da sabedoria.

Aqui está um pensamento radical para o mundo das câmaras de eco de hoje: você pode se beneficiar lendo algo, mesmo que discorde muito disso! Uma mente educada pode entreter e lidar com as ideias de outra perspectiva sem aceitá-las. Os cristãos muitas vezes são culpados de proteger nossos jovens de livros, filmes e outras narrativas que podem propagar ideias "perigosas", mas isso pode sair pela culatra. Em vez disso, devemos ensinar os

---

[12]EDMUNDSON, op. cit., p. 91

jovens a ler de forma humilde e crítica, com mentes abertas, mas com discernimento.

3. Leia livros que você goste

Não leia apenas livros antigos e desafiadores. Leia coisas que lhe dão prazer! Como Alan Jacobs observa em seu maravilhoso livro, *The pleasures of reading in an age of distraction* [O prazer da leitura em uma era de distração], não transforme a leitura em "o equivalente intelectual de comer verduras". Em vez disso, "leia o que lhe dá prazer — pelo menos na maioria das vezes —, e faça isso sem constrangimento". Uma dieta constante de apenas bons livros seria como comer nos restaurantes mais elegantes todos os dias, argumenta Jacobs. "Seria exagero".[13]

Leia coisas que atiçam seu amor pela leitura. Se você está lendo um livro há oito meses e mal consegue reunir energia para virar a página, não se force a continuar! Passe para algo mais agradável. E se você ama um livro, leia novamente! Não sinta vergonha de reler seus livros favoritos em vez de ler aquele novo *bestseller*. Existem inúmeros romances vencedores do Prêmio Pulitzer que ainda não li, mas ainda encontro tempo para reler *O grande Gatsby* a cada dois anos (geralmente em abril). Ler o que amamos nos faz continuar amando a leitura.

OS GRANDES LIVROS E O MAIOR LIVRO

Alguns cristãos podem questionar o valor de ler livros "seculares". Se Deus é a fonte suprema da verdade infalível, quanta sabedoria

---

[13] JACOBS, Alan. *The pleasures of reading in an age of distraction* (Oxford: Oxford University Press, 2011), p. 17, 23.

podemos obter de escritores que não o conhecem? Por que ler livros de ateus quando eu poderia ler livros e pessoas cujas almas foram iluminadas pelo Espírito Santo? São perguntas justas.

No entanto, se Deus criou o mundo, e se ele é a fonte e o padrão da verdade, então toda a verdade é dele. Se acreditarmos que tudo na criação traz a marca do Criador, então qualquer livro — seja de filosofia, biografia, biologia ou ficção — que coloque essa criação sob o microscópio tem potencial para iluminar a verdade. "Todos os ramos do conhecimento pagão não têm apenas fantasias falsas e supersticiosas," escreveu Agostinho, "mas contêm também generosas instruções que são mais bem adaptadas ao uso da verdade e alguns preceitos excelentes de moralidade; e até mesmo algumas verdades sobre a adoração ao Deus único são encontradas entre eles".[14] Assim, podemos ler um livro "pagão" com uma lente cristã, descartando suas falsidades e minando suas verdades.

Ainda assim, devemos colocar esses livros em seu devido lugar. Seria tolice construir uma dieta de sabedoria em torno de grandes livros, mas não, sobretudo, do maior livro, a Bíblia. Sem o ponto de referência de Deus, a "verdade" dos livros é relativa. Um leitor pode achar um livro verdadeiro enquanto outro o acha falso. Não pode haver consenso sobre cânon da grande literatura se não houver um ponto de referência transcendente para palavras como *bom*, *verdadeiro* e *belo*. "A única garantia da verdade comum é a verdade transcendente", escreve David Lyle Jeffrey. "Sem acesso intelectualmente responsável ao Grande Livro, muitas

---

[14]AGOSTINHO, *On christian doctrine*, 2.40 (Beloved Publishing, 2014), p. 80-1.

expressões de verdades menores, porém, ainda assim, muito importantes, podem não ser compreendidas".[15]

Certamente, os livros são fontes valiosas para obtermos sabedoria. Porém, como todas as outras categorias da Pirâmide da Sabedoria, elas são valiosas apenas enquanto complementam a palavra de Deus em vez de substituí-la. Elas têm a capacidade de nos tornar sábios, desde que suas afirmações da verdade sejam consistentes e não contrárias à verdade revelada de Deus. São grandes livros na medida em que confirmam e esclarecem a verdade do maior livro de todos.

QUESTÕES PARA DISCUSSÃO

1. Além do *conteúdo* que lemos dos livros, por que a *postura* de ler livros conduz à obtenção de sabedoria?

2. Por que é valioso ler livros que o desafiem ou que contenham ideias das quais você discorda totalmente?

3. Como você escolhe os livros que lê? Como você pode ser mais intencional ao selecionar livros que conduzam à obtenção de sabedoria?

---

[15]JEFFREY, David Lyle. *Scripture and the English poetic imagination* (Grand Rapids: Baker Academic, 2019), p. 215, 218.

CAPÍTULO 8

BELEZA

Deus resplandece, desde Sião, a perfeição da formosura.
SALMOS 50.2

HÁ ALGUNS ANOS, TIVE UMA experiência tão bela que jamais esquecerei — em um cemitério. Foi um show do *Explosions in the sky* no icônico Cemitério *Hollywood forever*. Deitado em um cobertor na grama, em uma noite fria de maio, ouvindo a cacofônica música instrumental da banda texana (famosa pela trilha sonora de *Friday night lights*), lembro-me de sentir uma daquelas pinceladas profundas com a eternidade que a beleza proporciona de forma única. Enquanto observava as palmeiras altas balançando ao vento frio, imaginei-as como braços erguidos em louvor. Enquanto eu estava respirando, vivo, no chão onde centenas de mortos estavam enterrados, senti as guitarras crescentes em canções como *"Greet death"* e *"The birth and death of the day"* como declarações de ressurreição: testemunhos sem palavras para esperança de renovação, sepulturas vazias, vida após a morte.

Como a beleza faz isso? É em grande parte um mistério. É impossível criar teoremas e hipóteses testáveis sobre o que é a beleza, como ela age e por que os humanos, ao longo do tempo, gravitam em torno dela. Porém todos nós sabemos que a beleza existe. Nós a conhecemos quando a vemos, ouvimos, cheiramos, provamos, tocamos. Ela agita nossa alma, nos desperta e sintoniza nosso coração com algo harmonioso e agradável sobre o mundo. O que é isso? Creio que é Deus. Acredito que tudo o que é belo dá testemunho de Deus, porque Deus é a fonte e o padrão da beleza. Como disse Jonathan Edwards: "Toda beleza encontrada em toda a criação é apenas o reflexo dos raios difusos do ser que tem uma plenitude infinita de brilho e glória".[1]

Em sua própria natureza — supérflua, desnecessária, abundante —, a beleza nos ensina sobre nosso Deus abundante, cujo amor e graça abundam de maneiras que um concerto para piano de Mozart ou um nenúfar de Monet podem transmitir de maneira única. A beleza molda nosso coração, orienta nossos amores, aquieta nossa mente e acalma nossa alma em um mundo barulhento e cansado. É uma parte profundamente importante de qualquer dieta da sabedoria.

MENTE E CORAÇÃO

A sabedoria é mais do que sabemos em nossa mente; ela envolve também nosso corpo, nossos sentidos e nossas emoções. A beleza funciona nesses níveis. Ela envolve e comove nosso coração. Ela revela a verdade a nível *afetivo*, muitas vezes no subconsciente, e forma nossos *amores*. É por isso que filmes, séries e outras artes narrativas são tão poderosas na formação de opiniões populares.

---

[1] EDWARDS, Jonathan. *Ethical Writings* (1749), volume 8 do *The Works of Jonathan Edwards*, p. 550-51. In: *Jonathan Edwards Center at Yale University*. Disponível em: http://edwards.yale.edu/archive?path=aHR-0cDovL%202Vkd2FyZHMueWFsZS5lZHUvY2dpLWJpbi9uZXXdwaGls-by9uYXZpZ%202F0ZS5wb93amVvLjc=.

Elas capturam nosso coração e nos movem visceralmente, às vezes com mais força do que a lógica ou a razão. É por isso que a música nos afeta de maneiras que não podemos explicar completamente. Ouvi uma música instrumental da banda islandesa *Sigur Rós* outro dia e fui instantaneamente transportado para um momento muito específico, dezoito anos atrás, quando ouvi o mesmo álbum no meu iPod enquanto andava de trem em Chicago. De uma maneira misteriosa, a música quase transcende o tempo. Como outras formas de beleza, a música pode nos ajudar a *sentir* algo como a eternidade de maneiras que a mente luta para entender.

A beleza dá à verdade um sentimento, um tom e uma ressonância. A verdade sem beleza muitas vezes é ignorada, assim como a beleza sem verdade soa vazia. Mas as duas juntas são poderosas, e vemos isso até na própria Bíblia. Deus usa a beleza para se comunicar nas Escrituras: história, metáfora, poesia, música, heróis e vilões, e todo tipo de artifício literário. Em vez de falar apenas em proposições, como se seus ouvintes fossem robôs precisando apenas de código binário, Jesus fala enigmaticamente, por meio de parábolas que pintam quadros dramáticos e usam metáforas memoráveis. Ao comunicar-se com suas criaturas de uma maneira que enfatiza o poder da forma, nosso Criador apresenta o melhor argumento sobre a importância da beleza. O professor de literatura David Lyle Jeffrey coloca essa ideia da seguinte forma:

Nos termos de nossa própria cultura, Deus não fala como um advogado, um filósofo ou mesmo um teólogo, muito menos como um apresentador de TV. Muitas vezes, porém, ele fala como um poeta. [...] O fato de Deus usar poesia quando as questões mais importantes estão em jogo sugere que apreciar sua poesia pode ser um elemento essencial em nosso conhecimento de Deus; isto é, devemos entendê-lo como um poeta — o poeta original —, aquele que escreve o mundo.[2]

A beleza por si só é suficiente para o nosso conhecimento de Deus? Claro que não. Existem muitos artistas e amantes da arte que amam a beleza, mas que são de alguma forma apáticos em relação a Deus, a fonte da beleza. A beleza e a arte fornecem sabedoria apenas até o ponto em que estão em algum relacionamento ou conversa com o Criador. A arte é "uma serva da fé", escreve Jeffrey. "A boa arte pode nos dar um vislumbre, quando nos referimos à sua fonte, do profundo eco da beleza, especialmente na beleza de um amor santo, da beleza da santidade e, portanto, do amor de nosso Pai celestial".[3]

CRIADO SEGUNDO A IMAGEM DO CRIADOR

Uma razão para a criatividade humana dar testemunho único de Deus é que a criatividade é uma parte fundamental do que significa carregar a imagem de Deus. Os cavalos não pintaram o teto da Capela Sistina. As vacas não criaram o arranha-céu ou o *smartphone*. Os humanos, sim. Seu cachorro de estimação pode ser fofo, mas não pode escrever um poema ou criar um cartão de Dia dos Namorados para você. O seu filho humano pode.

Em *A mente do Criador*, Dorothy Sayers pondera como, nos versículos de Gênesis que antecedem o momento da "imagem de

---

[2] JEFFREY, David Lyle. *Scripture and the English poetic imagination* (Grand Rapids: Baker Academic, 2019), p. 10.

[3] Ibidem., p. 203.

Deus" de Gênesis 1.27, a única informação que sabemos sobre Deus é que ele é um criador. "Encontramos apenas uma afirmação: 'Deus criou'", ela escreve. "A característica comum a Deus e ao homem é aparentemente esta: o desejo e a capacidade de criar".[4] Poderíamos dizer que há mais na *imago Dei* do que nossa capacidade criativa, mas certamente não há menos.

É notável que os humanos possam pegar o mundo em que nasceram — as "matérias-primas" da criação de Deus — e fazer algo novo, tanto no sentido de fazer fisicamente quanto de *dar sentido* ao mundo. Quando olho para a arquitetura da Sagrada Família em Barcelona ou do Burj Khalifa em Dubai, não posso deixar de louvar a Deus pela glória do talento humano. Quando tomo café (que coisa de Deus!), não posso deixar de louvar a ele por criar criaturas à sua imagem, com a capacidade de sonhar com uma bebida tão magistral por meio do bizarro processo de torrar grãos, moê-los e filtrar água quente através deles. Que maravilha!

Podemos dizer que todo trabalho criativo é simplesmente um remix da obra-prima original de Deus. *A noite estrelada* de Van Gogh somente pode existir porque Deus primeiro criou as estrelas e as cores da noite. A *Suítes para violoncelo* de Bach apenas pode existir porque Deus criou as árvores, cuja madeira é usada para esculpir um violoncelo e os cavalos, cujos cabelos são usados para fazer um arco. A beleza é bela porque demonstra a capacidade criativa do homem de fazer coisas novas com a matéria-prima que Deus fornece. O poeta cristão Richard Wilbur coloca assim:

---

[4]SAYERS, Dorothy L. *The mind of the maker* (New York: Harcourt, 1941), p. 22 [Edição em português: *A mente do Criador* (São Paulo: É Realizações, 2016)].

No sentido estrito, é claro,
Não inventamos nada, apenas testemunhamos
Aquilo que cada manhã ilumina novamente.[5]

TESTEMUNHANDO

O artista testemunha aquilo que Deus criou. A beleza destaca a criação, focando nossa atenção naquilo que muitas vezes estamos ocupados ou distraídos demais para ver. A beleza aumenta nossos sentidos e nos ajuda a *notar* as maravilhas ao nosso redor — e é por isso que a beleza é mais importante do que nunca. A nossa era hipermediada está repleta de estímulos visuais. Nós olhamos, percorremos e assistimos passivamente a todos os tipos de coisas. Porém, cada vez mais não temos olhos para ver a realidade. Por causa do que ele chama de abundância de "ruído visual" no mundo de hoje, Josef Pieper observa que a "pessoa comum do nosso tempo perde a capacidade de ver porque *há muito para ver!*"[6]

Nossa profunda dor espiritual no mundo moderno é em parte resultado dessa cegueira. Enchemos nossos sentidos com todo tipo de diversão e distração, consumindo constantemente qualquer micro espetáculo que apareça em nosso *feed*. Contudo, raramente paramos tempo suficiente para apreciar, entender ou avaliar criticamente qualquer coisa. Artistas ajudam a focar nossa

---

[5] WILBUR, Richard. "Lying", *Collected poems* 1943-2004 (Orlando: Harcourt, 2004), p. 83.

[6] PIEPER, Josef. *Only the lover sings: Art and Contemplation* (San Francisco: Ignatius Press, 1990), p. 32, grifo nosso.

atenção e despertar nossos sentidos. O pintor ou fotógrafo literalmente enquadra uma visão retangular da realidade para que possamos ver algo (seja uma paisagem, natureza morta ou retrato) de uma forma mais concentrada. O cineasta captura o tempo e o espaço de uma maneira que nos obriga a realmente notar e contemplar ambos (se estivermos dispostos a guardar nosso telefone no cinema!).

A beleza pode ser uma parte saudável da dieta da sabedoria, mas somente se estiver em seu devido lugar, como o "grupo alimentar" mais ou menos importante. Quando a beleza ocupa lugar de destaque, ela pode se tornar um ídolo, uma droga que perseguimos constantemente. Quando a beleza *não* tem lugar em nossa dieta, perdemos certas texturas, profundidades e dinâmicas da verdade. Contudo, em seu lugar certo, a beleza pode fazer maravilhas pela nossa sabedoria, ajudando-nos a conhecer e amar mais a Deus ao provar, ver, tocar, cheirar e ouvir suas glórias na diversa harmonia da criação.

CONTRASTE E TENSÃO

O que torna algo bonito? Há muitas respostas para essa pergunta, e é por isso que a questão da beleza é muitas vezes considerada irremediavelmente subjetiva. Mas uma coisa com a qual a maioria das pessoas pode concordar é que um atributo-chave da beleza é o *contraste*. A música é bela se contiver seções suaves e altas, pianíssimo e fortíssimo. As fotografias são bonitas se houver contraste de cor, claras e escuras. Filmes, romances e peças de teatro são belos se contiverem heróis e vilões, triunfo e tragédia. Um biscoito é belo se contiver contraste de sabor (salgado e doce) e textura (crocante e mastigável).

O contraste é crucial para a beleza: a justaposição, interação ou união de coisas diferentes (muitas vezes opostas). Quando a luz do dia encontra a noite, por exemplo, temos o pôr do sol ou o nascer do sol: os momentos mais bonitos e mais fotografados do dia. Quando a água salgada encontra a doce, temos estuários: alguns dos habitats naturais mais vibrantes do mundo. Quando duas coisas diferentes se juntam, seu aparente contraste muitas vezes parece estranhamente coerente, criando beleza e vida.

Registramos o contraste como beleza porque foi assim que Deus criou o mundo. Em Gênesis 1, vemos como Deus criou o mundo por meio de uma série de pares: luz e trevas, tarde e manhã, águas acima e abaixo, terra e mar, e, finalmente, macho e fêmea. O belo contraste entre homem e mulher é o golpe de mestre de Deus, de tal forma que a união de "uma só carne" no casamento é considerada um indicador terreno da realidade celestial do amor de Jesus por sua igreja (Ef 5.31-32). Que o casamento é, de uma maneira misteriosa, o epítome da beleza dada por Deus, é reforçado pelo fato de que ele está presente de capa a capa na Bíblia. A história de Deus começa com um casamento no Éden e termina com outro em Apocalipse, um livro cheio de pares contrastantes: Cristo e sua noiva (a igreja), céu e terra, e o auge do choque do bem e do mal.

Esse contraste do bem e do mal pode não parecer belo na superfície, mas fala de outro elemento fundamental da beleza, intimamente relacionado ao contraste: a *tensão*. As coisas mais belas da vida contêm uma dissonância que aponta para uma resolução. Uma sinfonia é bela quando contém acordes não resolvidos que apontam para um "lar" auditivo indescritível (que geralmente vem no movimento final). Uma peça é bela quando seu protagonista enfrenta contratempos seguidos de contratempos, com o objetivo alcançar uma resolução catártica no final. O arco de quase todas as histórias convincentes segue uma estrutura familiar e cheia de tensão: paraíso, paraíso perdido, paraíso restaurado.

A bela tensão na arte nos lembra da bela tensão na existência: nossa situação desesperadora encontrou o resgate divino; nossa luta com o pecado encontrou o Salvador sem pecado que derrotou a morte. É a tensão do "já e ainda não" do reino de Deus. Vivemos o sábado entre a dor da Sexta-feira Santa e o triunfo do Domingo de Páscoa. Celebramos e nos consolamos no primeiro advento de Cristo — que ele veio e venceu o pecado e a morte em nosso favor. Porém esperamos e ansiamos por seu segundo advento — quando ele virá em um cavalo branco, seus olhos em chamas e uma espada saindo de sua boca (Ap 19.11-16), para trazer de uma vez por todas justiça e resolução a este mundo profundamente quebrado.

Vivemos no espaço do "ínterim" em que reina a tensão. Sofremos, mas com esperança. Crescemos, mas muitas vezes em uma espécie de "dois passos para a frente, um passo para trás". Experimentamos a tensão que Paulo descreve em Romanos 7 e Romanos 8 — entre a escravidão ao pecado ("não pratico o que quero, e sim o que odeio", 7.15) e a liberdade capacitada pelo Espírito ("mais que vencedores", 8.37). À medida que a beleza nos torna mais conscientes dessa tensão, ela nos torna sábios. A beleza é uma janela através da qual vemos o mundo e a glória de Deus; mas também é um espelho que nos ajuda a ver melhor a nós mesmos — nossa situação pecaminosa, nossa necessidade de redenção, nosso anseio por paz.

A BELEZA NOS SILENCIA

Aprecio muito o momento no final de uma bela exibição, quando o público fica — por um breve momento — perplexo e em silêncio. Em um filme, é quando a tela escurece e os créditos começam a rolar, e você fica absorto em seus pensamentos sentado no cinema (a menos que precise correr para o banheiro), refletindo sobre o que presenciou. Em um *show*, é aquele momento após uma música épica chegar ao final e a música parar, suas gloriosas notas finais ecoam em seus ouvidos e alma. O prelúdio *Das Rheingold* de Wagner, por exemplo, intensifica-se cada vez mais, com arpejos de cordas crescentes e ondas de som cacofônico, e, então, de repente para. O silêncio abrupto que segue a música é quase a coisa mais bela dela.

A beleza nos emudece. E como nós precisamos disso em nossa época barulhenta! Quando encontramos algo belo, nosso primeiro instinto não deve ser tirar uma *selfie*. Em vez disso, devemos ficar quietos e maravilhados. A beleza pode facilmente se tornar barulho quando a nossa abordagem parece uma artilharia, com olhares rápidos e meia atenção nos momentos "intermediários" da vida: um episódio de um programa da Netflix enquanto fazemos o jantar; algumas músicas do Spotify enquanto corremos na esteira; dez páginas de um romance no Kindle enquanto esperamos para embarcar em um avião. Na era hipermediada de hoje, é possível preencher cada momento livre com pequenos lampejos de beleza, mas isso serve apenas para erradicar o componente crucial da obtenção de *sabedoria* a partir da beleza que encontramos — o silêncio.

Estamos sofrendo com o que Cal Newport chama de "privação de solidão": "Um estado em que você passa quase nenhum tempo sozinho com seus próprios pensamentos e livre da intromissão de outras mentes".[7] Matthew Crawford compara o silêncio (ou a ausência de ruído) ao ar e à água, recursos de que sabemos que precisamos para sobreviver. "Assim como o ar limpo torna a respiração possível, o silêncio [...] é o que torna possível pensar".[8] No entanto, o silêncio é um recurso escasso no mundo barulhento de hoje.

Precisamos ser intencionais quanto a cultivar espaços de silêncio e reflexão, em que nossa atenção possa ser direcionada para uma ou duas coisas em vez de cinquenta. Abrir espaço para a beleza é uma maneira de lutar contra a privação da solidão e o ruído dessensibilizante de nossa época. Contudo, para isso, precisamos também valorizar coisas como descanso e lazer, reconhecendo a importância do espaço *improdutivo* e de simplesmente estar em um mundo propenso a preencher cada momento com *ações*. Em seu livro *Leisure: the basis of culture*, Josef Pieper diz que o lazer é "uma forma de silêncio", que é "o pré-requisito da apreensão da realidade: somente o silencioso ouve, e quem não fica calado não ouve".[9] Silêncio e beleza andam juntos. Precisamos de silêncio para experimentar plenamente a beleza, e a beleza ajuda a fomentar em nós o silêncio. A beleza cultiva em nós uma serenidade calma que torna o Salmos 46.10 mais real em nossa vida: "Aquietai-vos e sabei que eu sou Deus".

---

[7]NEWPORT, Cal. *Digital Minimalism* (New York: Portfolio/Penguin, 2019), p. 103.

[8]CRAWFORD, Matthew B. *The world beyond your head* (New York: Farrar, Straus & Giroux, 2015), p. 11, ênfase acrescentada.

[9]PIEPER, Josef. *Leisure: The basis of culture* (San Francisco: Ignatius, 1963), p. 46.

A BELEZA NOS AJUDA A DESCANSAR

A beleza nos acalma em um mundo barulhento, mas também nos ajuda a desacelerar. Quando os humanos trabalham, eles refletem a imagem de um Deus que trabalha. Porém, também refletimos Deus quando descansamos, porque Deus é um Deus que descansa (Gn 2.2-3). "A essência de ser feito à imagem de Deus é nossa capacidade, como Deus, de parar", escreve Peter Scazzero. "Imitamos Deus quando paramos nosso trabalho e descansamos". No entanto, isso é contracultural em um mundo digital onde cada momento pode ser otimizado para produtividade. A noção bíblica do sábado desafia essa mentalidade porque nos chama a "incorporar o não fazer nada em nossa agenda a cada semana. [...] Pelos padrões mundiais, isso é ineficiente, improdutivo e inútil".[10]

A beleza e o sábado andam de mãos dadas. Ambos são extravagantes. Improdutivos. Desnecessários. Ambos são reflexos da abundância de Deus e lembretes de que o mundo é principalmente um presente a ser recebido, não um prêmio a ser conquistado. A beleza não precisa existir. O fato de os humanos se deliciarem com o pôr do sol, sinfonias e rostos simétricos não tem influência em nossa sobrevivência como espécie. O prazer da humanidade com a poesia e a torta de nozes não pode ser explicado pelo relato darwiniano da existência humana. A única explicação que dá sentido à beleza é que fomos criados à imagem de Deus que a aprecia; um Deus não utilitário. Basta olhar para as 10 mil espécies de pássaros do mundo ou as 400 mil espécies de flores; cada uma com uma cor, forma e textura únicas. Considere

---

[10]SCAZZERO, Peter. *Emotionally healthy spirituality* (Grand Rapids: Zondervan, 2006), p. 143, 153.

a diversidade de especiarias — do cominho a caiena, da noz-moscada ao açafrão. Deus poderia ter criado o mundo para que os humanos apenas precisassem comer uma substância branda e parecida com mingau para sobreviver, mas ele não fez isso. Ele criou milhares de plantas e animais comestíveis, dos quais milhões de combinações culinárias poderiam ser feitas. Ele criou humanos com papilas gustativas para apreciar coisas como sorvete de caramelo salgado, frango frito com leitelho e *tajine* de cordeiro. Assim como ele é um Deus que não apenas cria, mas faz uma pausa para *desfrutar* daquilo que criou (Gn 1.31), ele nos criou com a capacidade de *desfrutar*. É por isso que a beleza existe.

Quando nos recusamos a observar o sábado e não damos espaço para o gozo da beleza, sinalizamos implicitamente uma mentalidade de escassez que duvida da bondade de Deus. Porém, quando paramos para descansar, para festejar, para "sentir o perfume das rosas", como se costuma dizer, demonstramos um contentamento e uma aceitação calma do mundo e daquele que o mantém unido — uma confiança de que, por mais trágico e imprevisível que seja, ainda podemos fazer uma pausa para uma festa (ou uma soneca). Pieper compara sabiamente a capacidade de desfrutar o lazer com a capacidade de dormir: "Um homem no lazer não é diferente de um homem dormindo", escreve ele. "Quando realmente deixamos nossa mente repousar contemplativamente em um botão de rosa, em uma criança brincando, em um mistério divino, descansamos e somos renovados como se por um sono sem sonhos".[11]

---

[11]PIEPER, op. cit., p. 47, 48.

BELEZA E ADORAÇÃO

Como observei de várias maneiras ao longo deste livro, a sabedoria não é apenas *saber* as coisas certas. É também (e em grande parte) ter a postura certa; ter nossos amores corretamente ordenados. Trata-se de reconhecer que Deus não quer apenas ser *conhecido*. Ele quer ser amado, quer que experimentemos sua presença não apenas cerebral, mas tangivelmente: em nosso corpo, nossos sentidos e nossas emoções.

É por isso que a beleza sempre foi central nas práticas de adoração da igreja. Poderíamos apenas fazer proposições sobre Deus aos domingos, mas escolhemos cantá-las. Louvamos a Deus por intermédio da música, da liturgia poética, da arquitetura da igreja e de outras formas de beleza. Enfatizamos rituais físicos como o batismo e a Ceia do Senhor porque reconhecemos a importância das *formas* físicas na formação de nosso coração: ajudando-nos não apenas a *conhecer* Jesus, mas também a *amá-lo*, senti-lo em nossos ossos, lembrá-lo *fisicamente* enquanto tomamos e comemos o pão e bebemos o vinho da comunhão.

A Ceia do Senhor encapsula o tipo de sabedoria que encontramos na beleza. É um exemplo de como uma bela *forma* pode comunicar poderosamente uma verdade importante. É o evangelho *promulgado* por meio da cultura. Não comemos apenas grãos crus e uvas na comunhão. Comemos pão e vinho — produtos culturais. É uma beleza que nos foca, exige nossa atenção e nos silencia. Existem poucos momentos na vida moderna em que multidões de pessoas ficam em silêncio juntas, concentradas intensamente em uma coisa. Contudo, a Ceia do Senhor é um desses momentos, com cada coração e mente contemplando o significado do pão e do vinho (ou suco de uva). A comunhão também manifesta belamente o contraste (os elementos são salgados e doces, sólidos e líquidos) bem como a tensão: a Ceia do Senhor é um ritual do "já, e ainda não" que *lembra* a cruz e *anseia* a festa celestial que está por vir. Finalmente, a Ceia do Senhor é bela na forma como nos convida ao descanso. Quando chegamos à mesa da comunhão aos domingos, levando os imensos fardos da semana, dizemos sim ao convite de Cristo em Mateus 11.28: "Vinde a mim, todos os que estais cansados e sobrecarregados, e eu vos aliviarei". Reconhecemos que ele é suficiente: nosso pão, nossa água, nossa vida, nossa paz. Nenhum livro, artigo ou tuíte nos lembra da graça nutritiva e salvífica de Jesus como a beleza da comunhão.

E é por isso que a beleza importa.

QUESTÕES PARA DISCUSSÃO

1. Muitas vezes, pensamos na sabedoria em termos do racional — conhecimento e informação que preenchem nosso cérebro. Mas que papel o coração e a emoção desempenham na sabedoria, como a beleza molda essas nossas partes?

2. Como a beleza e o sábado estão relacionados? Por que coisas como descanso, quietude e espaço são importantes para viver uma vida sábia?

3. Existe um padrão objetivo de beleza, ou a beleza está simplesmente nos olhos de quem vê? Como outras seções da Pirâmide da Sabedoria podem nos ajudar a responder a essa pergunta?

CAPÍTULO 9

A INTERNET E AS REDES SOCIAIS

Meus amados irmãos, tende certeza disto: todo homem deve estar pronto a ouvir, ser tardio para falar e tardio para se irar. Porque a ira do homem não produz a justiça de Deus.
Tiago 1.19-20

CHEGAMOS AO TOPO DA PIRÂMIDE. Porém, "topo" neste caso não significa melhor. Como o grupo de alimentos "gorduras, óleos e doces" no topo da Pirâmide Alimentar, a internet e as redes sociais devem ser usadas com moderação em nossa dieta da sabedoria.

O problema é que não usamos a internet e as redes sociais com moderação. Empanturramo-nos como se estivéssemos num bufê livre em Las Vegas. Estamos sempre voltando para encher nosso prato, e isso está nos deixando doentes. Mas isso não significa que não podemos encontrar *nada* de bom online. Afinal, um bufê livre não precisa sempre nos deixar doentes. Com autocontrole e as intenções certas, pode-se encontrar opções saudáveis e deliciosas em quase qualquer bufê, ou pelo menos limitar a ingestão de coisas não saudáveis.

É por isso que a internet e as redes sociais fazem parte da Pirâmide da Sabedoria. *Existem* diamantes no mundo digital e, mesmo que quiséssemos livrar nossa vida da internet e das redes sociais, será que conseguiríamos? Para o bem ou para o mal, os celulares se tornaram nosso terceiro braço — de modo que, quando o perdemos ou não conseguimos encontrá-lo, nos sentimos amputados. Wi-Fi é o nosso oxigênio. Estar em algum lugar do mundo sem Wi-Fi é sentir-se sufocado e isolado da vida. Estas podem ser realidades perturbadoras, mas são realidades.

Claro, alguém poderia viver uma vida totalmente analógica, fora da rede — e talvez ficasse mais feliz por isso. O que dizer de todos os outros? Muitas pessoas hoje não têm o luxo de viver *offline*. As "desintoxicações digitais" são em grande parte uma atividade dos privilegiados. Não precisamos de soluções extremas para responder aos perigos da internet e das redes sociais. Precisamos de modelos de como navegar nelas com cuidado e de hábitos que nos ajudem a tomar o que é bom e evitar o que é ruim, hábitos que conduzam à sabedoria.

TRÊS MANEIRAS PELAS QUAIS A INTERNET E AS REDES SOCIAIS BENEFICIAM A SABEDORIA

Em que sentido a internet e as redes sociais são potencialmente valiosas para a sabedoria? Conhecemos as muitas desvantagens da vida online, mas quais são as vantagens? Na minha opinião, são pelo menos três.

1. Acesso

A internet removeu as barreiras de acesso ao conhecimento e à educação. Se a ideia de uma biblioteca pública (acesso livre aos livros) foi um pequeno passo na direção da democratização do conhecimento, a internet foi um salto gigantesco. Hoje, se você tem acesso à internet em seu telefone ou computador, você tem o cartão de biblioteca mais potente da história. Você tem acesso a todos os sábios do passado — de Platão a Proust e Plantinga. No YouTube, você pode obter o conhecimento que obteria em uma universidade. Um pastor sem instrução na Índia rural que talvez nunca possa frequentar o seminário pode, por meio da internet, acessar todos os tipos de recursos teológicos — ensaios, sermões, resenhas de livros, palestras em vídeo — para ajudá-lo a lidar melhor com as Escrituras e cuidar de seu rebanho.

Esta é uma das razões pelas quais amo meu trabalho como editor da *The Gospel Coalition*. Somos um ministério apenas graças à internet, e nossos recursos teológicos gratuitos alcançam cristãos em todo o mundo. Aquece meu coração pensar no novo convertido na Tailândia que se depara com um sermão de John Piper e ganha uma teologia mais robusta do sofrimento, ou no estudante em Madri que lê algo online de Tim Keller e ganha novas ferramentas para abordar seus vizinhos seculares. É uma alegria receber e-mails de pastores na Dinamarca ou aspirantes a escritores no Texas que são encorajados pela análise cultural que escrevo.

Tudo isso é possível graças à internet. É libertador para as pessoas ouvir vozes e perspectivas que de outra forma não teriam em seus contextos domésticos. É empoderador descobrir novos modelos de como podemos pensar e quem podemos nos tornar. A internet pode nos dar a segurança de saber que existem outros que pensam como nós e pode nos apresentar a líderes, pensadores e amigos que nos dão a coragem que não teríamos sem o exemplo deles. Há pessoas que nunca conheci pessoalmente, mas que moldaram profundamente minha vida a partir do que encontrei sobre elas online — seja por meio de um *blog, podcast* ou conta do Instagram.

O poder de ser influenciado pelo que encontramos online tem suas desvantagens, é claro — as vozes online podem envenenar nossa alma tão rapidamente quanto podem alimentá-las. Mas isso só torna ainda mais importante não abandonar a internet, mas procurar redimi-la — amplificando as vozes da verdade e aproveitando os exemplos de sabedoria.

2.Plataforma

Se o *acesso* à internet nivela o campo de jogo em termos de exposição a mais vozes potenciais da verdade, o poder da *plataforma* nivela o campo de jogo em termos de exposição a vozes dignas que, de outra forma, nunca seriam ouvidas. Embora seja mais fácil falar do que fazer no barulhento mundo online de hoje, em teoria, qualquer pessoa com acesso à internet pode criar uma conta de rede social e *ser ouvida*. Você pode não ter dinheiro, conexões, educação e privilégios, e ainda assim dizer ou criar algo que, potencialmente, beneficiará um grande número de pessoas em todo o mundo. Seja você um aspirante a cantor e compositor, fotógrafo ou simplesmente alguém com uma história, não precisa contatos ou um contrato de edição de livro para ser ouvido. Você tem acesso direto ao seu público. Porém, esse também é o maior desafio: como você constrói um público e faz com que eles percebam você em um mundo onde as pessoas estão exaustas de coisas que já disputam a atenção delas?

Ainda assim, o *potencial* da plataforma está lá. A internet possibilita que um escritor inédito consiga um contrato de livro por causa de uma postagem de *blog* que viraliza; que um garoto com um canal criativo no YouTube seja contratado pela Disney;

que um adolescente com uma conta no Instagram se torne um *influencer* de milhões. É claro, mais pessoas com audiências maiores não tornam necessariamente o mundo um lugar mais sábio. Contudo, isso diversifica o espectro de vozes por aí. Na era da internet, vozes historicamente marginalizadas ou sub-representadas podem ser amplamente ouvidas. As redes sociais são particularmente poderosas nesse sentido. Na melhor das hipóteses (e sabemos que isso raramente acontece), elas podem ser uma praça onde as pessoas podem interagir, debater e aprender umas com as outras de maneiras que não faziam antes. As redes sociais podem ser um holofote que expõe a corrupção e aumenta a conscientização sobre lutas muitas vezes ocultas, e também pode ser um pedido de ajuda para pessoas vulneráveis que não são ouvidas em casa, mas encontram essa ajuda no Twitter. Pode ser um campo de testes onde as ideias são refinadas pelo *feedback*. Pode ser um espaço confessional para pessoas que lutam com todos os tipos de coisas.

A onipresença da plataforma — o fato de que todos agora têm um megafone para amplificar sua própria voz — também aumenta o barulho e a confusão de nossa época? Com certeza. No entanto, pode também introduzir vozes que o mundo precisa ouvir.

3. Consenso

Uma das desvantagens da plataforma é o ruído resultante de muitas pessoas publicando muitas coisas. Felizmente, a internet tem um mecanismo embutido que ajuda a tornar o ruído mais gerenciável: o consenso. Essa é a sabedoria coletiva do *crowdsourcing* da Wikipédia, avaliações da Amazon, classificações do TripAdvisor e "curtidas" do YouTube. A que damos nossa atenção na era da sobrecarga de informação? A questão seria muito mais debilitante se não tivéssemos os marcadores avaliativos da "curtida", do "compartilhamento", do "retuíte", e assim por diante. O que compõe o poder da "viralização" — apesar de todos os seus problemas — é pelo menos uma espécie de filtro. Se um número suficiente de pessoas começar a prestar atenção e compartilhar algo online, talvez valha a pena.

É claro que também existem desvantagens no efeito viral. O efeito de "pilhagem", tribalismo no Twitter, efeito manada, contágios sociais, "cultura do cancelamento" e *fake news* são todos resultados problemáticos da rápida aceleração de impulso online. No entanto, na melhor das hipóteses, esse poder pode ser aproveitado para fins positivos: chamar a atenção para injustiças invisíveis, responsabilizar figuras poderosas, possibilitar que pessoas quebrem o silêncio e contem histórias que precisam ser ouvidas. O movimento #MeToo é um bom exemplo disso. Por meio do poder das redes sociais e da força nos números ali presentes, muitas vítimas de abuso — que antes se sentiam sozinhas e temiam falar — começaram a compartilhar suas histórias online. Como resultado, muita escuridão foi trazida à luz, e as duras realidades foram divulgadas. Em muitos casos, os abusadores sexuais foram levados à justiça.

O poder do consenso na internet pode ser um poderoso controle e equilíbrio. A importância crítica das avaliações online para coisas como hotéis e restaurantes faz com que eles continuem mantendo seus lençóis limpos, banheiros higienizados e comida saborosa. O consenso do *Rotten Tomatoes* pode ajudar um espectador a escolher um bom filme ou evitar um ruim. Se um político falar algo errado ou um repórter falar uma mentira, você pode ter certeza de que as massas online não vão deixar passar. Muito pouco pode ser escondido na era da internet. Mentiras serão inevitavelmente expostas. O mau comportamento será descoberto.

A verdade pode emergir. Se essa realidade um tanto assustadora nos mantém um pouco mais atentos, forçando uma maneira mais cuidadosa e virtuosa de falar e viver, devemos ser gratos.

CINCO HÁBITOS PARA CULTIVAR A SABEDORIA ONLINE

A internet e as redes sociais podem nos ajudar a ser sábios, mas somente se as abordarmos com muito cuidado e intenção. Para isso, aqui estão cinco hábitos a serem considerados ao avaliar o lugar da internet em sua vida.[1]

1. Ande com um propósito, e não apenas "navegue"!

"Navegar na internet" foi uma das primeiras metáforas para o que fazemos online, trazendo à mente uma abordagem de "vamos ver onde esses *links* me levam!" ao navegar no oceano da internet. Mas é precisamente essa postura — ficar online apenas para passear (ou devo dizer "rolar para baixo"?) por seus espaços abertos — que nos leva a preencher cada momento livre de nossa vida com debates insípidos nas redes sociais, vídeos de gatos levemente divertidos e outras efemeridades online. É exatamente esse impulso inconsciente de pegar nosso telefone e ir a *algum lugar* que pode nos levar a lugares sombrios: pornografia, subculturas tóxicas e batalhas infrutíferas na seção de comentários. Infelizmente, a facilidade com que podemos pular online em nossos momentos livres (seja trinta segundos em um semáforo ou noventa segundos na fila do *drive-thru* do McDonalds) nos

---

[1] Algumas coisas desta seção foram tiradas de meu artigo "The digital Revolution Reformation", *The Gospel Coalition*, 9 de novembro de 2019. Disponível em: https://www.thegospelcoalition.org/article/ digital-revolution-reformation/.

condiciona a eliminar cada fragmento de espaço não mediado em nossa vida — o que é uma coisa terrível para cultivar a sabedoria.

Em seu livro *The common rule* [A regra comum], Justin Earley sugere que nossos momentos de folga não devem ser preenchidos com perambulação online, mas devem ser "reservados para olhar para as paredes, o que é infinitamente mais útil". Ele também sugere evitar as redes sociais na cama e também a rolagem não planejada, o que "geralmente significa que queremos que algo chame nossa atenção — e muitas coisas estranhas, sombrias e bizarras nas redes sociais se alegram em chamar a nossa atenção".[2] O andarilho digital está pedindo problemas, portanto, não fique online sem um plano. Ande com um propósito e fique online apenas pelo tempo que precisar.

2. Qualidade acima da quantidade

Dado o excesso de opções online e o argumento anterior de que seu tempo online deve ser limitado apenas a atividades intencionais, em vez de vagar sem rumo, é importante fazer com que o tempo seja um limite. Considere seguir o conselho de Cal Newport em *Minimalismo digital*, que ele define como "uma filosofia de uso de tecnologia na qual você concentra seu tempo online em um pequeno número de atividades cuidadosamente selecionadas e otimizadas que fortemente favorecem as coisas que você valoriza e, depois, desconsidera todas as outras coisas desnecessárias".[3]

---

[2]EARLEY, Justin. *The common rule* (Downers Grove: IVP Books, 2019), p. 88-9.

[3]NEWPORT, Cal. *Digital Minimalism* (New York: Portfolio/Penguin, 2019), p. 28 [Edição em português: Minimalismo digital (São Paulo: Alta Books, 2019)].

Como selecionar cuidadosamente o que ler, assistir, ouvir ou experimentar online? Primeiro, ouça as recomendações de pessoas confiáveis em sua vida. Dada a escolha entre ler um artigo que acabou de aparecer no seu *feed* do Twitter em um anúncio ou ler um artigo que dez pessoas em quem você confia compartilharam no Facebook, escolha o último. Confira resenhas de livros de sites confiáveis antes de decidir o que ler. Consulte a redação de críticos de cinema de confiança antes de escolher o que assistir. Limite-se a um *podcast* ou um programa da Netflix por mês, e apenas aqueles que pessoas confiáveis recomendaram. Em um mundo onde seu tempo é escasso e tudo está disputando sua atenção, não seja um consumidor passivo que clica no que quer que apareça em seu caminho. Não fique preocupado com o fato de ignorar a maior parte das coisas, confiando que uma quantidade menor de pratos excelentes e selecionados será melhor para sua dieta de sabedoria do que uma grande quantidade de lanches aleatórios.

3. Desacelere!

Mesmo que você não possa controlar a velocidade das coisas online, pode controlar a *sua* velocidade. E um ritmo mais lento é quase sempre mais propício à sabedoria. Um dos temas recorrentes deste livro é a noção de que o tempo é um grande filtro para a sabedoria: quanto mais algo dura, mais provável é que tenha valor. Não gaste seu tempo lendo as notícias mais recentes ou o último vídeo que viralizou. Em vez disso, espere um pouco e leia as notícias não tão novas que ainda são mencionadas. Leia o artigo do *Atlantic* de cinco anos atrás a que as pessoas ainda fazem referência; assista aos "clássicos" do YouTube antes do vídeo da semana. Uma vez que a novidade de algo desaparece, se as pessoas *ainda* estão recomendando, talvez valha a pena. Não tenha medo de perder a maioria das coisas online, pois a maior parte é "perdível" e será rapidamente esquecida. Abrandar — até que o filtro da história lhe dê motivos para prestar atenção — é ser um consumidor online mais sábio.

O mesmo vale para suas contribuições online. A velocidade é traiçoeira quando se trata de postar sua opinião nas redes sociais ou atiçar uma chama que se espalha rapidamente. Muitas vezes, entramos em um movimento online antes de perceber que ele tem um eixo quebrado. Então, reserve um tempo para verificar a verdade e considerar a sabedoria de algo antes de compartilhar e considere o impacto potencial de suas palavras antes de postar. Lembre-se da sabedoria bíblica de ser "tardio para falar".

4. Diversifique sua exposição

Enquanto a mídia digital se torna cada vez mais adaptada às preferências dos consumidores individuais por meio dos algoritmos, os problemas explorados no capítulo 3 começam a se agravar. Podemos, no entanto, combater isso sendo intencionais em diversificar as vozes que ouvimos. Não leia apenas artigos das mesmas fontes de confirmação de preconceito. Não sintonize apenas os programas de rádio onde suas opiniões são confirmadas. Desafie-se dando atenção a versões bem articuladas do "outro lado" dos argumentos. Respeite seu oponente ideológico (e você mesmo) procurando realmente entender a outra perspectiva.

Tente preencher seus *feeds* de rede social com fontes que representam uma variedade de perspectivas — políticas, culturais, geográficas, raciais, e assim por diante. Leia opiniões internacionais sobre as notícias do seu próprio país. Ouça *podcasts* fora da sua zona de conforto. Assista a documentários em sites de *streaming* que o provocam a pensar *profundamente* (mesmo que, no final, *não* mudem sua opinião) sobre algum assunto. Aproveite a plataforma de vozes da internet que você talvez não tivesse oportunidades de ouvir. Uma maneira de amar seus vizinhos digitais é ouvi-los, mesmo que o que eles tenham a dizer seja difícil de se ouvir. Lembre-se de que você não precisa concordar totalmente com os outros online para obter *alguma* verdade de suas perspectivas.

5. Compartilhe aquilo que é bom!

Uma das bênçãos da internet e das redes sociais é a capacidade de compartilhar facilmente o que consideramos útil, bom, verdadeiro e belo. Uma das minhas citações favoritas de C. S. Lewis vem de *Lendo os Salmos*: "Acho que nos deleitamos em louvar o que desfrutamos porque o louvor não apenas expressa, mas completa o prazer; é a sua natural consumação".[4] Não se sinta culpado por postar online sobre um filme ou livro de que você gostou, ou por compartilhar uma foto no Instagram de seu cônjuge, filho, quintal ou qualquer outra coisa que você achou agradável. O elogio público a essas coisas é uma parte fundamental de nossa alegria nelas. Se você gosta de descobrir boa música, crie *playlists* no Spotify e compartilhe-as. Se você gosta de tirar fotos de belas arquiteturas, publique-as em uma conta do Instagram. Se você adorou um restaurante ou se hospedou em um hotel incrível, compartilhe um comentário brilhante online que possa levar outras pessoas a descobri-lo. Use a internet para transformar o que

---

[4] LEWIS, C. S. *Reflections on the Psalms* (London: Collins, 1958), p. 81.

você ama em algo que abençoa os outros, em vez de transformar o que você odeia em algo que enfurece os outros.

O que aconteceria se todos começassem a usar a internet mais para celebrar o bem do que para aumentar o barulho com tuítes odiosos e discursos retóricos? O que aconteceria se usássemos nossas plataformas online para elogiar os outros em vez de promover nossos próprios pontos de vista e sinalizar nossas próprias virtudes? E se passássemos mais tempo online honrando publicamente as pessoas que conhecemos do que envergonhando publicamente as pessoas que não conhecemos?

NÃO ABANDONE. REDIMA.

Sabemos que a internet e as redes sociais são muitas vezes fossas de bactérias espirituais. As desvantagens são realmente enormes. É por isso que este espaço ocupa a seção menos vital para a Pirâmide da Sabedoria. É, porém, a internet irredimível? Devemos simplesmente queimar tudo e começar de novo, como se fosse uma estrutura condenada e infestada de pulgas ou um terreno baldio radioativo como Chernobyl? Não. E isso é especialmente verdade para os cristãos, que podem ser os *mais* tentados a correr para as colinas analógicas na era da internet. Como as colônias de leprosos, nações atingidas pelo Ebola ou cidades medievais infestadas de peste, onde os cristãos arriscaram sua própria saúde para levar a cura a outros, a internet e as redes sociais precisam desesperadamente que a luz *fique* em vez de sair.

No entanto, isso não significa que você não deva ser cuidadoso. Fique online com seu traje de proteção. Pegue uma lanterna. Fique atento aos perigos, sempre atento à natureza altamente contagiosa das doenças online. Mas não abandone os doentes.

Não deixe esses espaços apodrecerem. Em vez disso, encontre maneiras de curar, de redimir e de ser luz na escuridão. Promova fontes de vida, verdade e sabedoria — Escritura, igreja, natureza, livros e beleza — no espaço online. Incentive o mundo online a respirar ar fresco *offline*, mas faça o que puder para melhorar a qualidade do ar online. Com o que você diz e faz online, plante flores e árvores virtuais em vez de desmatar florestas virtuais. Em uma mesa cada vez mais cheia de alimentos gordurosos e açucarados, ricos em colesterol espiritual e sabores artificiais, ofereça algo delicioso e nutritivo.

Não se imunize apenas contra a doença epistemológica da era online. Faça sua parte para encontrar uma cura.

QUESTÕES PARA DISCUSSÃO

1. Este capítulo destacou três maneiras positivas pelas quais a internet e as redes sociais podem ser valiosas para a sabedoria. Você consegue pensar em outras?

2. Não há problema — e até se recomenda— "perder" muito do que acontece online em um dia. Mas você sente pressão social, ou tentação pessoal, por estar constantemente "por dentro" das notícias? Como você resiste a isso?

3. Quais ritmos você encontrou que funcionam bem para regular o tempo gasto online, tanto para você quanto para sua família?

CAPÍTULO 10

COMO É SER SÁBIO

Todo aquele, pois, que ouve estas minhas palavras e as
põe em prática será comparado a um homem prudente,
que edificou sua casa sobre a rocha.

MATEUS 7.24

DUAS DAS MINHAS CANÇÕES FAVORITAS da igreja são inspiradas na parábola dos construtores sábios e tolos em Mateus 7.24-27. A primeira é uma música da escola dominical para crianças, onde cantamos (com movimentos de mão):

O homem sábio construiu sua casa sobre a rocha

E as chuvas caíram...

As chuvas caíram e as inundações vieram

E a casa na rocha permaneceu firme...

O homem tolo construiu sua casa sobre a areia

E as chuvas caíram...

As chuvas caíram e as inundações vieram

E a casa na areia foi esmagada.[1]

---

[1]OMLEY, Ann. *"The wise man and the foolish man"* 1948.

A outra música é o hino clássico de Edward Mote, "My hope is built on nothing less" [Em nada mais está firmada minha esperança], cujo refrão diz:

Em Cristo, a sólida Rocha, eu permaneço
Todo os outros fundamentos são areia movediça.[2]

Aprecio essas músicas porque sua mensagem é simples e profunda: uma vida floresce quando construída sobre uma base sólida. Ela desmorona quando construída sobre a base errada. Essa é uma das ideias-chave da Pirâmide da Sabedoria. A base certa não torna irrelevante o que está acima dela; ela torna tudo acima dela estruturalmente sólido. Em contraste, o fundamento errado leva à destruição e ao sofrimento, e este é o nosso problema hoje: invertemos a pirâmide e fizemos das redes sociais e da internet — a areia movediça — a nossa base, mas essa é uma receita para o desastre.

Uma vida construída sobre o alicerce certo, no entanto, é bem equilibrada, robusta e capaz de suportar a chuva, os ventos e a erosão da vida. É uma vida marcada pela sabedoria.

TRÊS MARCAS DA SABEDORIA

A primeira parte deste livro destacou três tendências da era da informação que nos tornam *im*prudentes: informação à profusão, demasiadamente rápida e muito focada no *eu*. A segunda parte apresentou um paradigma para uma "dieta" de informação mais propícia à sabedoria e à saúde espiritual. Como nossa vida poderia ser diferente se levássemos a sério um paradigma como esse?

---

[2] MOTE, Edward. "*My hope is built on nothing less*" 1834.

Que fruto novo e contracultural nossa vida produziria? Aqui estão três marcas que espero que você veja:

1.Discernimento em um mundo de excessos

Ao contrário da pessoa em um bufê extravagante que coloca colheres cheias de tudo que parece delicioso em seu prato, incapaz de ignorar alguma coisa, a pessoa sábia usa o autocontrole, sabendo quando o prato está suficientemente cheio. Ela faz um esforço para escolher uma variedade equilibrada de alimentos que não a deixarão enjoada mais tarde.

No mundo atual da gula da informação, a sabedoria é *intencional* — ela se achega ao excesso não desordenadamente, mas com um plano. Em vez de ser passivo e arrastado pela cacofonia de vozes sedutoras de tolice, chamando-nos para nos desviarmos do caminho reto (Pv 9.13-18), o sábio mantém o olhar fixo à frente, não se desviando para a esquerda ou para a direita (Pv 4.25-27).

No mundo de hoje, a sabedoria tem a disciplina de passar mais tempo virando as páginas da Bíblia do que navegando pelos *feeds* de redes sociais; mergulhando mais nos espaços serenos da natureza do que nos címbalos retinentes das notícias dos jornais; desenvolvendo uma fome pelos nutrientes de uma igreja local saudável mais do que os doces que corroem os dentes dos cliques online. Ela busca cultivar ritmos de consumo de informação saudáveis: edificar seu dia, sua semana, sua vida em torno das fontes com maior probabilidade de trazer a verdade.

2. Paciência em um mundo "rápido demais"

Ao contrário da pessoa cuja dieta consiste principalmente de *fast-food*, *delivery* e outros lanches "rápidos" — porque a velocidade e a eficiência são os valores mais importantes —, a pessoa sábia prefere um ritmo mais paciente. Ela sabe que o que entra em seu corpo é importante demais para ela consumir desordenadamente, então, ela toma o tempo necessário para escolher com sabedoria. Ela come devagar e saboreia, reconhecendo que alimentos nutritivos muitas vezes são feitos e consumidos em um ritmo mais lento.

No mundo de informações rápidas de hoje, a sabedoria é *paciente* — uma vontade de desacelerar e processar bem as coisas em vez de simplesmente acumular informações e experiências o mais rápido possível. A sabedoria vai contra a corrente que prefere porções pequenas e tem pouca atenção de nossa época, optando por porções maiores e mais profundas. Ela coloca os dispositivos de lado quando está sentada na igreja ou na mesa com um amigo e se alegra por não estar por dentro de todas as notícias, feliz por não saber das quatorze controvérsias que surgiram e desapareceram no Twitter ao longo da última semana.

A sabedoria também busca descansar: tirar sonecas, guardar o sábado, um dia tranquilo em casa sem listas de tarefas ou notificações do celular. A sabedoria confia que Deus está sempre ligado, mas nós não. Somos criaturas mortais com limites significativos. Quando dormimos e quando morremos, o mundo continua sem nós. O sono é, na verdade, um treino para a morte. Como foi genial da parte de Deus construir esse ritmo circadiano em nosso corpo — um lembrete diário de nossa fragilidade e mortalidade. Quando nos deitamos, de olhos fechados, parecemos cadáveres. Quando dormimos, estamos em um reino misterioso entre a vida e a morte — perfeitamente quietos e vulneráveis, de certa forma mais sensíveis do que quando estamos acordados. Deus criou o descanso e o sono para nossa sabedoria. Abrace-o! Você pode perder as polêmicas da noite, mas tudo bem. Você será mais sábio por ter dormido enquanto tudo isso acontecia.

3. Humildade em um mundo "focado demais no eu"

Ao contrário da pessoa que come apenas o que lhe parece apetitoso, tomando decisões alimentares baseadas apenas em seus apetites e desejos instintivos, a pessoa sábia ouve a experiência dos outros: garçons de restaurantes, chefs, médicos, nutricionistas. Ela sabe que seus gostos e preferências são falíveis e muitas vezes não confiáveis.

No iMundo hiper individualizado de hoje, a sabedoria é *humilde* — ela reconhece que, por mais que a tecnologia nos coloque no centro de todas as decisões, não somos a melhor ou a mais alta autoridade. A sabedoria anseia pela orientação dos outros; um ceticismo saudável sobre seus próprios instintos e tendências. Provérbios 3.5-8 capta isso melhor do que eu:

> Confia no Senhor de todo o coração,
>   e não no teu próprio entendimento.
> Reconhece-o em todos os teus caminhos,
>   e ele endireitará tuas veredas.
> Não sejas sábio a teus próprios olhos;
>   teme o Senhor e desvia-te do mal.
> Isso te trará saúde ao corpo e vigor aos ossos.

A sabedoria é uma humildade intelectual que não está confiante *demais* na própria compreensão da verdade, nem *descrente* no fato de que Deus revela a verdade. A sabedoria é saber que, como Packer diz, "nossa própria competência intelectual não é o teste e a medida da verdade divina". Ele continua:

> Não cabe a nós parar de acreditar porque nos falta entendimento ou adiar a crença até que possamos entender, mas acreditar para que possamos entender; como disse Agostinho, "a menos que você acredite, você não entenderá". A fé vir primeiro e depois a visão é a ordem de Deus, não *o contrário*; e a prova da sinceridade da nossa fé é a nossa vontade de aceitar isso.[3]

A sabedoria é a paz dessa "vontade de aceitar isso". Talvez uma das razões pelas quais a ansiedade esteja aumentando seja que a onipresença da informação constantemente nos provoca com o que *poderíamos* saber — ler, assistir, aprender — se tivéssemos tempo. No entanto, a sabedoria aceita que nunca poderemos saber tudo, e está tudo bem. Aprendemos muito e nos deleitamos em aprender, mas aceitamos com alegria que o fruto do conhecimento infinito não cabe a nós para que comamos.

INTERLÚDIO: A SABEDORIA É LIBERTAÇÃO

A sabedoria é libertadora precisamente porque se submete à autoridade fora do eu. Mas em um mundo preocupado com a dinâmica de poder — opressores e oprimidos, a hegemonia, o patriarcado, a interseccionalidade, a apropriação cultural, e assim por diante — somos céticos com relação a essa noção. E é verdade que muitas autoridades humanas *são* opressivas e não conduzem

---

[3]PACKER, J. I. *"Fundamentalism" and the Word of God* (Grand Rapids: Eerdmans, 1958), p. 109.

ao nosso crescimento, mas isso não significa que a própria *ideia* de autoridade deva ser descartada.

Quando usada corretamente, a autoridade externa serve para nosso *crescimento*, não para nossa *repressão*. O filósofo católico italiano Augusto Del Noce observa que a raiz etimológica da palavra autoridade tem a ver com crescimento (*auctoritas* deriva de *augere*, "fazer crescer," que está ligado a palavras como *Augustus*, "aquele que faz crescer"). Isso está em contraste direto com a maneira como a autoridade é popularmente vista hoje: como uma barreira sufocante ao crescimento.[4] O mundo de hoje reformulou a liberdade como um mecanismo de defesa: uma liberdade "de algo" em vez de uma liberdade "para algo". Somos "livres," declara nossa sociedade, à medida que não estamos sujeitos a nenhuma autoridade externa ou realidade objetiva fora do eu. Mas isso é realmente liberdade?

Jesus não disse que a autonomia total nos libertará. Ele disse que *a verdade* nos libertará (Jo 8.32). A verdadeira liberdade está sempre atrelada à verdade — uma verdade objetiva e verdadeira para todos, que existe gloriosamente fora da nossa opinião, do nosso humor e do nosso temperamento inconstante. Sem a verdade, estamos presos em uma prisão que nós mesmos criamos. Porém, graças a Deus, a verdade está lá fora, e não em um sentido abstrato. Ela está na forma de uma pessoa, Jesus Cristo, que disse: "Eu sou o caminho, a verdade e a vida" (Jo 14.6), e que chama todo andarilho digital exausto a sentar aos seus pés e encontrar descanso:

---

[4]NOCE, Augusto Del. "Authority versus power." In: *The Crisis of Modernity* (Montreal: McGill-Queen's University Press, 2014), p. 189-90.

Vinde a mim, todos os que estais cansados e sobrecarregados, e eu vos aliviarei. Tomai sobre vós o meu jugo e aprendei de mim, que sou manso e humilde de coração; e achareis descanso para a vossa alma. Porque o meu jugo é suave, e o meu fardo é leve. (Mt 11.28-30).

Observe a equação aqui: "vinde a mim" + "aprendei de mim" = "achareis descanso para a vossa alma". Se alguma vez houve uma equação simples para a verdadeira liberdade, foi aqui.

TRÊS ORIENTAÇÕES DA SABEDORIA

É significativo que, nas Escrituras, a sabedoria seja frequentemente associada a um caminho. Você está indo na direção certa? Você está se desviando do caminho? Você sabe a sua posição no mapa? Qual é a sua bússola? No fim das contas, a sabedoria diz menos respeito à informação e mais sobre *orientação*. Todos os pontos de dados geográficos do mundo são inúteis se não tivermos noção do Norte. Todos nós vagamos em qualquer direção que nosso coração escolher até nos submetermos à autoridade da boa bússola de Deus, pois somente ele ilumina o caminho da sabedoria. O tolo diz em seu coração: "Não há Deus" (Sl 14.1) e assim vagueia sem rumo pelo deserto. O homem sábio, em contrapartida, vive uma vida radicalmente centrada em Deus. A W. Tozer coloca da seguinte forma:

Assim como o marinheiro localiza sua posição no mar "mirando" no sol, podemos obter nossa orientação moral olhando para Deus. Devemos começar com Deus. Somente estaremos certos se estivermos em uma posição correta em relação a Deus, e estaremos errados quando estivermos em qualquer outra posição.[5]

Enquanto concluímos esta reflexão sobre a sabedoria, quero examinar mais de perto essa "posição correta em relação a Deus". Como essa orientação seria? Talvez a lição mais importante deste livro seja que, para entender *como* é ser sábio, temos de entender para *quem* a sabedoria *olha*, *ouve* e *ama*: o "Rei dos séculos, imortal, invisível, o único Deus" (1Tm 1.17).

1. Olhando para Deus

Há muito o que ver na vida. Nossos olhos flutuam para a frente e para trás mais rápido do que eles podem processar adequadamente. A sabedoria é focalizar nosso olhar em Deus: olhar para ele, orar a ele, buscá-lo zelosamente. Os salmos constantemente reforçam isso:

- "Meus olhos estão sempre atentos ao Senhor" (Sl 25.15).
- "Pois tua fidelidade está diante dos meus olhos" (Sl 26.3).
- "Olhai para ele e ficai radiantes" (Sl 34.5).
- "Nossos olhos estão atentos ao Senhor" (Sl 123.2).

O autor de Hebreus nos convida a fixar "os olhos em Jesus, o Autor e Consumador da nossa fé" (Hb 12.2).

Tozer descreve a fé como "o olhar de uma alma sobre um Deus salvador [...] um redirecionamento de nossa visão, deixar

[5]Tozer, A. W. *The pursuit of God* (Harrisburg: Christian Publications), p. 101.

de focar em nossa própria visão e focar em Deus".[6] Essa orientação da visão é onde a sabedoria e a vida em geral prosperam. Olhe para Jesus para receber paz em vez de olhar para suas circunstâncias. Olhe para Jesus para receber afirmação em vez de olhar para o Instagram. Olhe para Jesus para obter a verdade em vez de olhar para si mesmo. Olhe para Jesus para receber sabedoria antes de olhar para qualquer outro lugar.

2. Ouvindo a Deus

A sabedoria nos aquieta em uma era barulhenta e sintoniza nossos ouvidos às palavras de Deus por meio das Escrituras, sua criação e sua igreja. Assim como somos inundados por estímulos visuais no mundo de hoje, também somos sobrecarregados com vozes que nos chamam para ouvir seus discursos. Quais vozes estamos escutando? Elas são confiáveis e consistentes com a voz divina da sabedoria (Pv 8)? Este livro se tratou em grande parte sobre nos guiar através desta questão.

Provérbios está constantemente associando a sabedoria com o *ouvir*:

- "Quem dá ouvidos ao conselho é sábio." (Pv 12.15).
- "Quem escuta a advertência da vida terá morada entre os sábios" (Pv 15.31).
- "Ouve o conselho e recebe a correção, para que sejas sábio nos últimos dias da vida" (Pv 19.20).
- "Meu filho, se deixares de ouvir a instrução, logo te desviarás das palavras do conhecimento" (Pv 19.27).

---

[6]Ibidem., p. 89, 91

Nossa era é insensata em grande parte porque estamos ficando surdos por causa da cacofonia, perdendo nossa capacidade de ouvir bem, se é que ouvimos. Sabedoria significa calar as vozes que falam mentiras, e, então, abrir nossos ouvidos para a voz de Deus, escutando atentamente cada uma das suas palavras. Como Jesus disse repetidamente: "Quem tem ouvidos para ouvir, ouça" (Mt 11.15; 13.9; Mc 4.9; Lc 8.8; 14.35).

3. Amando a Deus

A sabedoria não é apenas conhecimento intelectual *de* Deus. É um desejo profundo *por* Deus. Mais do que um desejo de conhecer o mundo *como* Deus, a sabedoria é o desejo de conhecer o mundo *com* Deus e uma busca implacável pela presença de Deus. É uma fome e uma sede desesperadas de Deus, o pão da vida e a água viva. A sabedoria é adoração.

"Não se contente em ter ideias corretas do amor de Cristo em sua mente, a menos que você também tenha uma prova graciosa dele em seu coração", escreveu John Owen. "Cristo é a carne, o pão, o alimento provido por Deus para sua alma".[7]

Quando penso nas pessoas mais sábias que encontrei, um atributo que compartilham é simplesmente isto: elas amam estar com Deus. Podemos ver a paixão delas pela presença de Deus em seu semblante alegre e em sua paz permanente. É uma percepção em seus olhos quando provam um *brownie* quentinho, veem um lindo pôr do sol ou ouvem um violinista tocar Vivaldi. Não são apenas as coisas em si que trazem um brilho

---

[7]OWEN, John. *The glory of Christ* (Edinburgh: Banner of Truth Trust, 1994), p. 55-6.

aos seus olhos. É quem eles veem *através* dessas coisas. Eles estão provando e vendo a bondade do Senhor (Sl 34.8), porque o amam acima de todos os outros amores — tudo na vida faz sentido. A existência torna-se não apenas mais suportável e mais compreensível. Torna-se gloriosa.

SOLI DEO GLORIA

A vida sábia é gloriosa porque fomos criados para vivê-la. Enquanto nossa vida assume a forma da sabedoria — corretamente ordenada e orientada em torno de Deus —, ela naturalmente se torna mais viva, e, ao fazer isso, traz glória ao seu Criador. Assim como qualquer sucesso de uma criança glorifica a seus pais, qualquer vinha abundante glorifica a seu vinicultor, ou qualquer jardim verdejante glorifica a seu jardineiro, também glorificamos a Deus quando nossa vida manifesta sua sabedoria. Nosso processo de nos tornarmos sábios não é para nossa glória, mas para a glória de Deus.

Quando somos *imprudentes* — alimentando-nos de uma dieta tóxica que distorce nossa mente e sufoca nossa alma —, tornamo-nos como uma árvore doente e emaciada cujas folhas são pardas e cujos frutos estão deteriorados. Não trazemos beleza e oxigênio ao mundo; apenas pragas e frutos amargos. Nossas raízes estão murchas, nossos galhos se quebram facilmente e o menor vento pode nos derrubar. Somos como palha.

Porém, quando somos *sábios* — alimentando-nos do pão da vida (Jo 6.35), permanecendo na videira (Jo 15.4-5) e aproveitando as fontes da verdade dadas por Deus —, tornamo-nos como uma árvore robusta plantada perto da água (Sl 1.3), com folhas verdes e frutos vibrantes mesmo quando chega a seca (Jr 17.8).

Nossas raízes se aprofundam com segurança no solo, extraindo vida de córregos vibrantes. E nossos ramos continuam crescendo — como mãos levantadas em louvor ao nosso Criador. Quando os ventos vierem — pois eles inevitavelmente virão, às vezes furiosamente —, esses ramos de sabedoria não se romperão. Eles simplesmente balançarão, como se estivessem batendo palmas ou dançando de alegria, transformando cada tempestade em uma oportunidade para cantar.

Soli Deo gloria.

QUESTÕES PARA DISCUSSÃO

1. Quem é a pessoa mais sábia que você já conheceu? Quais características dessa pessoa mais demonstram sua sabedoria?

2. Se você reorganizasse a ordem de qualquer seção da Pirâmide da Sabedoria, seja para adicionar outra seção ou remover uma já existente, quais seriam essas mudanças?

3. A sabedoria pode realmente existir em alguém que não tem nenhum relacionamento com Deus? Se sim, como? Como isso aconteceria?

Pilgrim

Use seu tempo de forma produtiva e edificante

No app da Pilgrim, você pode acessar muitos outros conteúdos cristãos de qualidade como este livro para ajudar na sua caminhada de fé. Você encontra audiolivros, ebooks, palestras, resumos e artigos para cada momento do seu dia e da sua vida, além de benefícios para assinantes Premium.

Catálogo completo

Sobre o que você quer ler hoje? Vida devocional? Família? Empreendedorismo? Ficção? Tem tudo aqui.

Frete grátis e descontos

Receba vantagens exclusivas ao se tornar um assinante Pilgrim Premium.

Conteúdo exclusivo

Tenha acesso a ebooks, audiobooks, artigos e outros conteúdos disponíveis apenas em nosso app.

Acesso offline no aplicativo

Faça download de capítulos para ler ou ouvir mesmo quando não estiver conectado à internet.

Comece agora!

Site: thepilgrim.app
Instagram: @pilgrim.app
Twitter: @appPilgrim
Tiktok: @pilgrimapp

Este livro foi impresso pela Cruzado, em 2023,
para a Thomas Nelson Brasil. O papel do miolo é
Pólen natural 80 g/m², e o da capa é Cartão 250 g/m²